U0331402

重新定义
京东

京东创新法

考拉看看　著

化学工业出版社
·北京·

内容简介

为什么是京东？为什么京东能快速转变？过去的京东从何而来？未来京东将去何处？"重新定义京东"系列三部作品将为读者呈现京东创新、增长和管理之法，系统、全面地分享京东成长发展的启示意义。

本书是对京东创新力的解读，通过对京东发展历史、关键转折点、重大战略的描写，分析总结出背后5条创新法则：回归基本逻辑、竞争催生创造、想象力构建未来世界、高塔与广场并存、对创新的结果负责，为读者打开一幅京东创新地图。通过阅读本书，读者可以了解京东的创新逻辑，帮助读者寻找企业发展的推动力量。

图书在版编目（CIP）数据

京东创新法／考拉看看著． -- 北京：化学工业出版社，2024.3
（重新定义京东）
ISBN 978-7-122-44783-8

Ⅰ．①京… Ⅱ．①考… Ⅲ．①电子商务 - 商业企业管理 - 经验 - 中国　Ⅳ．①F724.6

中国国家版本馆 CIP 数据核字（2024）第 002344 号

责任编辑：万忻欣　　　　　　　　　文字编辑：林　丹　陈　雨
责任校对：刘曦阳　　　　　　　　　装帧设计：王晓宇

出版发行：化学工业出版社
　　　　　（北京市东城区青年湖南街13号　邮政编码100011）
印　　装：河北鑫兆源印刷有限公司
880mm×1230mm　1/32　印张7　字数133千字
2024年9月北京第1版第1次印刷

购书咨询：010-64518888　　　　　售后服务：010-64518899
网　址：http://www.cip.com.cn
凡购买本书，如有缺损质量问题，本社销售中心负责调换。

定　　价：68.00元

京东的创新法则

京东是我最常使用的购物网站，相比其他国内购物平台，我更喜欢它的简洁、正品质量保障和配送体验。

如果从1998年刘强东创业算起，截至2023年底，京东已经成立了25年，是中国互联网界当之无愧的元老企业。自创业初，它便被人们拿来与其他电商平台相比较，从最初的当当网、卓越亚马逊、再到阿里巴巴与后来的拼多多。人们把京东视为一家优秀的电商与零售企业，但还算不上一家卓越的企业。

但是今天，京东越来越显现出独特价值，不论是在电商平台的运营，还是在供应链的管理，抑或是在金融、零售、产业互联网的探索，都让人们意识到京东的发展拥有持续的后劲。

这种后劲来自哪里？我们认为其中最重要的元素是创新。

什么是创新？京东又是如何创新的？这就是本书想要回答的问题。

研究创新，就不得不提到著名的经济学家和管理学家约瑟夫·熊彼特。他站在历史维度，最早提出了关于创新的理论。熊彼特认为人类世界每50～60年会经历一次大的创新。在经济周期的上升阶段，创新活动异常活跃。其最近的一次创新就是互联网浪潮，从20世纪90年代起，互联网席卷全球。短短三十年便成为影响世界政治格局、经济发展的重要力量。微软、亚马逊、腾讯、京东、阿里巴巴等著名企业，都是在这一次创新浪潮中发展起来的企业。

创新具有周期性，而这种周期推动了经济发展的周期。那这种周期是什么呢？熊彼特说是破与立。在熊彼特看来，创新就是新的做事方式。新的做事方式，就是对旧有经营方式的"破"，对新的生产经营方式的"立"。破与立的反复与螺旋上升，就是创新的周期，就是经济发展甚至社会发展的周期。

这不难理解。技术创新就是最容易让大家察觉的形式。蒸汽机、互联网、高铁等，都是技术创新的典范。它们都取代了过去的人力畜力、信件报刊、马车等技术，带来了新的发展方式。破与立以激烈、鲜明的表现形式改变着经济与社会。

但是许多鲜明的创新背后，也有许多隐藏着的看不见的创新。比如制度上的、管理上的，这些隐形的创新就不那么引人注目了。比如福特汽车并没有在汽车生产制造的技术上有大创新，但是创新了流水线的生产管理方式。所以用新的做事方式只是表面现象，创新的背后还有更深刻的特征——价值创造。只有创造了价值，才是真正的创新。特别是对于企业而言，价值创造是安身立命之本。所以，创新并非局限于激烈或动荡的技术创新，还包括不易被察觉的制度创新和管理创新。所以企业创新就是价值的创造。它一方面是指价值的提升，另一方面是指价值中必须具备新的因素，而不是简单的量的叠加。

京东发展25年，已经从一家线下门店发展到国内电商零售领域的巨头之一。当消费者提起京东时，脑海中会浮现出什么样的印象？速度快、质量好、服务好……这些关键词的背后，就是价值的创造，就是创新。那么京东究竟是如何做到既快又好的呢？就是如何创造价值、做到创新的呢？大部分消费者都不清楚，过去的我们也不清楚。于是通过对京东经营活动的梳理和研究，我们想知道京东的创新有何与众不同。

我们发现了京东创新有五个特征，我们把它们称作京东创新五条法则。它们构成了京东发展的推动力量。

这五条法则是：

回归基本逻辑。近十年互联网领域诞生了许多"创新"，但不得不说其中有不少尝试是华而不实的花架子。比如无人货架、无人便利店等，这些领域在烧掉巨额资金后，成了一地鸡毛，浪费了不少社会资源和金钱。创新，必须基于基本逻辑，而这基本的逻辑就是价值的创造。

在电商与零售行业，京东的创新原点是消费者的体验与零售效率提高，这是零售行业发展的基本逻辑，也是刘强东对企业发展和创新的看法。刘强东曾一针见血地评论道，"最近一二十年来所有的创新模式，都跟降低交易成本、提高交易效率有关。要么交易成本更低，要么交易效率更高，二者必居其一，新的模式才能够生存发展。如果这两点都达不到，所有的创新都没有意义"。❶ 交易成本降低、交易效率提升，正是回归基本逻辑的表现。从线下迁移到线上，拓展全品类电商，自建物流，京东历史上的重大决策，都来自京东"回归基本逻辑"的创新实践。

竞争催生创造。市场经济相比于计划经济其优势是什么？是提供了更多竞争的机会。竞争激发了创新与创造，让效率更高、价值创造更多的企业存活发展，让效率更低、价值创造更少的企业被淘汰。京东处在高速竞争的行业，每一天、每一月都有新的创意产生。如果不能在竞争中不断创造，那么注定会被时代所抛弃。这一点在进入国内市场发展的美国电商品牌的发展经历中最具代表。不论是eBay还是亚马逊，都适应不了中国激烈的竞争环境。本地化不够、决策流程过长等弊端阻碍了他们在竞争中的创造。今天，中国市场上几乎看不见美国电商品牌的身影，全是本土品牌的天下。而京东是积极参与市场竞争的企业。在发展过程中，刘强东一直在寻找对标的对手，从最初的线下3C门店，到新蛋、卓越、当当，再到阿里巴巴，以至于拼多多崛起后，京东又积极投身到新的竞争中。竞争催生了京东的创造，以创新超越对手，是京东成长的特征之一。

想象力构建未来世界。与对手竞争是创造的来源之一，自内而外的

---

❶ 李志刚. 创京东：刘强东亲述创业之路 [M]. 北京：中信出版社，2015.

想象力迸发也是创新创造的动能。如果处在一个高速发展的行业里，未来是没有清晰的轮廓的。很多人将其比作在无人区航行，没有坐标，只能通过自身的经验和想象力前行。中国互联网行业从追随阶段已经发展到超越阶段，已经与欧美国家处于同一水平线。所以需要中国企业家和企业发挥想象力、创造力，推动整个行业不断向前。在数字化、智能化的发展背景下，京东探索产业数字化、智慧城市等前沿领域，不仅需要强大的技术实力，更需要对未来社会、商业的想象力。甚至想象力远比技术力更为重要，因为对于科技企业而言，技术实力的差距并不明显，对未来世界的架构能力才具有根本性的差别。京东京造、城市操作系统等正是京东基于想象力做出的创新。而未来这样的创新还将层出不穷。

高塔与广场并存。创新活动最重要的因素就是人，人与动物的本质区别就是人是具有创新意义的生物。企业家精神最重要的一点便是创新精神，企业家往往都是创新能力卓越的一类人。但是一个数千人、数万人甚至数十万人的企业，仅仅依靠企业家的才华与才干很难持续发展。所以一家企业最重要的管理方式就是，激活所有员工，发挥他们的创新能力。这一方面需要向员工提供自由，只有自由才能激活创新；另一方面需要领导，只有心向一处的创新，才能形成合力推动组织向前。所以一个想法到最后变为现实，离不开控制与开放并存的企业环境。而开放自由、允许失败的管理模式，便如同建设"广场"，广场为员工提供了活力、自由度和平等感。而管理、领导、统一价值观，便如同建设"高塔"，它把大家的心与力聚在一起，让创新不会陷入混乱，不会迷失方向。自上而下和自下而上的创新模式并存，加之其积木型组织方式、对外开放、建立零售生态圈等，体现了京东"控制与开放并存"的发展模式。这激活了京东的组织，促进了京东创新。

对创新的结果负责。创新的结果远比大家想象得更复杂，也并非所有企业都能够面对。比如，中国外卖服务体量庞大，是一项巨大的创新。但是它带来的结果之一便是，灵活用工与劳动者权益保护之间的矛盾。对于不少平台企业而言，外卖骑手并非企业的正式员工，不为其提供保障。但是这些企业却真实地享受到了外卖骑手提供的劳动力资源。又比如，移动支付在我国普及率很高，是金融科技一大创新。但是创新的结果之一，便是金融风险的扩大。企业如果不能妥善处理这一结果，很可能酿成灾难性的后果。归根结底，创新必有成功与失败。大家能够清楚地认识到失败，因为它是直接的、痛苦的。但是对成功的结果却没有引起重视。但实际上，成功意味着价值创造、效率提高，更意味着承担更多责任。如果不能肩负起创新成功的责任，长远看对企业也将造成巨大伤害。这一点在过去的外卖骑手的权益保障、互联网金融风险等领域表现得最为突出。对于京东而言，在无界零售的尝试中，必须面对部分选择的失败。在自建物流的成功中，必须承担起供养26万快递员的责任。创新失败的风险与挫折、创新成功的责任与担当，这些都是企业不能不承担的生命之重。唯有迎难而上、积极超越，才能真正推动企业、行业与社会的发展。

京东成长为全球知名的零售与电子商务平台，虽历尽艰辛、路转峰回，但基于这五条创新法则，具备了一往无前、锐不可当的气势。本书是对京东创新力的解读，通过对京东发展历史、关键转折点、重大战略的描写，分析其背后的创新逻辑，为读者打开一幅京东创新地图。

全书分为五章。第一章以"回归基本逻辑"为题，讲述京东坚持客户为先、效率提升、体验提升的创新逻辑，依然选择转型线上、扩展全品类和自建物流的战略决策。第二章以"竞争催生创造"为题，讲述京东是如何在与当当、新蛋、阿里巴巴、拼多多等对手竞争中创新，超越对手更创造自己的。第三章以"想象力构建未来世界"为题，讲述京东是如何依靠想象力、创造力探索未来产业、未来城市的。第四章以"高塔与广场并存"为题，讲述京东是如何对内激活员工创造力，对外合纵连横走向开放的。第五章以"对创新的结果负责"为题，讲述京东是如何应对创新的失败，如何承担起创新成功的责任的。

一家伟大的企业注定是文字追赶不上的。当观察者观察它时，看到的或许只是"当下真实"的一种"折射"，在其背后还有巨大的隐而不宣的冰山。所以当这本书送到读者手上时，书中的内容或许已经成为历史，不够"新"了。但是我们相信理解一家企业的精神远比理解企业的现实业务更为重要。因为业务总在不断发展和变化，但是精神却是相对稳定和统一的。

那么京东的精神是什么呢？创新正是其中之一。

考拉看看

目 录
CONTENTS

第一章
京东创新法则1：回归基本逻辑

第一节　坚持正道，客户为先　/003

正品低价的"京东多媒体"　/003

品质保证，自营模式的选择　/007

京东客服不只是售后　/010

大而全——客户所想　/014

第二节　效率提升，重塑销售体系　/018

被动上线主动转型　/019

最短距离，直连品牌商　/024

第三节　要更快也要更好，京东物流创新　/028

　　两种模式的争论　/029

　　京东一体化供应链　/034

　　仓配一体的三张大网　/040

　　抢占末端制高点　/045

　　211 限时达　/048

第二章

京东创新法则2：竞争催生创造

第一节　挑选对手：超越前排玩家　/055

　　从入局到领跑　/055

　　较量：洗牌大市场　/060

第二节　攻守阿里：多维度的竞争　/064

　　从服装行业撕开突破口　/065

　　后发抢"鲜"　/069

第三节　下沉拼购：零售核心力的思考　/075

　　被撬动的下沉市场　/075

　　（C2M）不改核心，"拼购"只是形式　/079

第四节　专属优势：场景占领，开放平台　/082

　　（和腾讯）社交电商牵动私域流量　/082

　　京X计划：触达100%　/086

第三章

京东创新法则3：想象力构建未来世界

第一节　为制造业升级服务　/093

中国制造的机遇　/093

JD Phone 计划　/098

制造更是智造　/104

第二节　下一个十年：产业数字化的机会　/110

工业 4.0 下的 131 体系　/110

生产场景数字化　/114

第三节　走进智慧城市前沿　/116

什么是智慧城市？　/117

京东智慧城市　/122

第四章

京东创新法则4：高塔与广场并存

第一节　放权，企业管理必修课　/131

引入职业经理人　/131

积木化组织　/135

第二节　开放，共建零售生态圈　/141

牵手腾讯，与社交的联姻　/142

结盟沃尔玛，打开 O2O 缺口　/147

第三节　共享，供应链连接商业　/151

一体化供应链服务　/151

开放物流，连接商业　/156

第四节　文化，凝聚高塔的黏合剂　/159

我的文化就是京东的文化　/159

防止文化被稀释　/163

反思后的文化升级　/168

第五章

京东创新法则5：对创新的结果负责

第一节　故步只会自封　/175

警惕破坏性创新　/175

京东到家，独占上风与断尾决定　/177

第二节　接受探索的代价　/182

不可规避的失败风险　/183

京东数科螺旋成长　/184

2019，京东的反思　/190

第三节　承担成功的责任　/194

是创新更是责任　/195

20万京东小哥　/197

反哺乡村：全面推进乡村振兴　/201

后记　/206

重新定义
京东

第一章

京东创新法则1：
回归基本逻辑

何为商业？通俗来讲商业是以获取收益为目的的商品交换，既包括吃、穿、用、住等实物交易，也包括咨询、教育、医疗等服务提供。而交换的前提是存在需求，对于消费者而言，马斯洛的需求层次理论涵盖了一个人在社会生活中可能存在的所有需求，生存、安全、社交、尊重和自我实现，谁能满足这些需求，谁就能掌握商业。

但在工业发展的早期，低下的产能导致商品相对稀缺，消费市场供不应求，经济活动主要围绕商品所展开。控制物料成本、提高产品单价是商业发展的核心方向。即使鱼龙混杂的中关村充斥着谎言与欺骗，依然有源源不断的客流涌入，因为既有的需求摆在那里。一个表面留有划痕的传呼机，即使你不买，也会有下一个顾客带走。京东诞生于中国加入世界贸易组织前后，多边贸易风起云涌，大量商品涌入国内，市场的天平也开始向消费者倾斜，竞争开始出现。

京东很早便意识到了外部环境的变化，决定回归商业的基本逻辑——谁创造价值，谁就能获得收益。当然获取的收益并不完全等同于创造的价值，它会随市场波动而忽高忽低，可拉长时间来看，二者的增值趋势一定基于某个正相关的基准线。基于该层逻辑，京东的一切商业决策都是以降本增效为目的，最终实现为消费者创造价值。

京东从线下转型为线上商城，在节约店面成本的同时，提供了更加便利的购物选品途径，为消费者创造了价值；全品类扩张，丰富了京东商城的消费场景，让商业交易更加流畅，为消费者创造了价值；自建物流，完善线上购物流程，降低运输成本，也为消费者创造了价值。

第一节
坚持正道，客户为先

过去的30年间，中国涌现出了无数优秀企业，为社会创造了巨大的价值，也为人民提供了便利的产品和服务，京东便是其中的佼佼者。把客户体验看作企业经营的核心，凭借正品行货的理念，京东成功在创业初期收获了消费者的广泛信赖；之后转型为线上商城，为继续贯彻正品理念、保证服务品质而选择自营。

⊙ 正品低价的"京东多媒体"

"80年代看深圳；90年代看浦东；21世纪看中关村！"这是20世纪末期社会上普遍流传的一种说法。

来到北京城西北近郊的中关村，目之所及，是挂着各式各样招牌的商店，鳞次栉比地排列在林荫路两旁。海信电脑、国合电脑等几家主流品牌商占据着巷子外最好的门店，巷子深处是挂着配件维修、激光打印、电子产品出售的小店面，老板把头与手探出窗外，密密麻麻的广告牌让原本狭小的小巷更加拥堵。一个与IT有关的新兴产业群正在此处崛起。起源于20世纪80年代的"中关村电子一条街"，聚集着当时中国最强大的高新科技力量，向社会提供源源不断的技术服务与产品服务，其中以计算机软硬件及周边产品开发居多。1987年，中关村电脑产品销售额突破4亿元，在电脑尚不供家用的当时，中关村便已经成为全国最大的计算机交易市场。

在中国经济体制改革的影响下，民营企业迎来了它的曙光，在大批人选择下海经商的同时，中关村作为最具活力的创业地带，对乐于尝试新鲜事物的人散发出无限诱惑。时值互联网兴起，原本就神秘的计算机被赋予了更广阔的价值空间，眼花缭乱的电子设备也蕴藏着无限商机，周围众多的高校也为中关村输送了源源不断的客源，一时间这里成为年轻人的天堂。1988～1998年，中关村始终保持着每天成立一家新公司的发展速度，鳞次栉比的摊位上能看到一位位创业者奋斗的足迹，充满诱惑的空气强烈地吸引着有梦想的人来此赚得第一桶金。人头攒动的街道上，熙熙攘攘的人群中，一位名叫刘强东的青年在这里流连忘返，洞察着瞬息万变的电子市场。

1998年6月18日，这个青年怀里揣着工作两年辛苦攒下的1.2万元积蓄，购置了一台二手电脑、一辆破旧三轮车，奔赴中关村海开市场，租下来一个位置最不好的店面，开始了他的创业生活。"北京京东世纪商贸有限公司"，霸气十足的注册名字下，是一个只有不足4平方米的柜台。柜台后挂着一个不大的招牌——京东多媒体，谁也想不到这个"一没有资金，二没有技术，三没有靠山"的不起眼柜台，会在日后掀起怎样的波澜。

京东多媒体做的是典型的线下实体生意，进货到柜台，再从柜台卖货。所以成立之初，京东并没有把目光投向价格高昂的个人电脑，而是选择了光碟和刻录机这种相对边缘的配套业务。的确，在账面流动资金不足的情况下，用一台摆在柜台上的电脑卡死自己，显然不如售价低廉的光碟灵活。而且当时一张光碟的售价是5元左右，刨除3元的进价成本，利润已相当可观。

但在改革开放的影响下，中国人的消费需求开始集中爆发，供不应求的消费市场催生出了一系列现象：制假、售假、暴利、贪腐，中关村作为中国线下零售的一个缩影，暴露出了同样的问题。刚才提到的3元是正版光碟的进价成本，如果商家选择自己刻录光盘，平均每张光碟的成本只有0.5元。"你卖一桶碟片，大概只能赚10块钱，人家卖那种假盘，一桶碟片可以赚100块钱。10倍的利润之差，而且卖的地方就在你旁边，你眼睁睁看着他卖假的。"刘强东在《遇见大咖》节目中回忆道，超过90%的利润，驱动着不法奸商走上犯罪的道路。1998年8月，海淀工商局对中关村大大小小的商铺进行集中突击检查，发现市场上有七成以上的公司涉及销售"无中文标识"的电子产品，足以证明水货、假货之多。

市场泥沙俱下，正品与假货掺杂销售，消费者能否以合适的价格购买到正版产品，完全取决于消费者自身的眼力。诞生在这样的销售环境中，京东却走出了一条不一样的道路——坚持正版行货，坚持明码标价。这是京东基于基本逻辑的创新，当其他同行在投机取巧中大发横财时，京东却站在了C端视角，用绝对的正品为消费者创造价值。

初到中关村，整个柜台都均由刘强东一人负责，没有客户关系，没有运营团队，唯一的底气是"能开发票"。这个在今天稀松平常的小事，却是当时环境下售卖正品的宣示。"第一单生意做了98元！"刘强东对京东赚到的第一桶金记忆犹新："本来客户见价格谈不下来扭头就走，去别的地方转了一圈发现我这里的定价是合理的。"❶ 有了一个好的开头，之后也变得容易起来，"正品行货"的口碑开始在原本就不大的IT圈流传起来，慢慢地，京东多媒体积累了第一批粉丝客户。开业只三个月，火爆的生意就迫使刘强东招兵买马，扩充自己的团队，这是价值创造后收获的应有结果。

除了正品保障，京东多媒体售卖的产品也是同类型产品中价格最低的。虽然当时行业价格波动明显，但刘强东每天都会给客户提供一个与进货成本基本持平的报价。一次两次，客户可能不以为意，长期下来，总会发现京东多媒体是他进货的最优选择。"你不能老指望暴利，从创业开始到现在，在我的经历里从来没有暴利的概念。中关村很多商家最大的问题是什么？老有暴利的概念，老想在哪儿拿一个5000万的单子，挣2000万。我们从创业第一天开始，到今天为止，就是细水长流，薄利多销，规模为首。"❶

任何消费行为都存在惯性，消费者尝到甜头后，会在潜意识中形成一个与之合作的关系。新客户越来越多，老客户也不是"一锤子"买卖，京东多媒体由此在鱼龙混杂的中关村电子市场脱颖而出。次年，刘强东连租三间写字楼办公室，将商铺摊位搬到了海淀路50

---

❶ 李志刚. 创京东：刘强东亲述创业之路 [M]. 北京：中信出版社，2015.

号的北大资源楼，往来生意不绝，差不多每10位客户中就能拍板达成7笔生意。到2002年，京东一跃成为国内光磁产品领域最具影响力的零售商，Maxell、TDK、威宝、三菱等知名品牌纷纷选择京东代理自家产品，销路通往全国各地，行业影响力首屈一指。

⊙ 品质保证，自营模式的选择

2020年，京东平台GMV达到2.61万亿元人民币，全年营收7458亿元人民币；另一大电商平台阿里巴巴2020财年GMV为7.053万亿元人民币，财年收入却只有5097.11亿元人民币。❶也就是说，京东用更小的交易额度，换来了更多的利益。

大众对京东和淘宝普遍存在一个误区——二者是大体相似的电商平台。实则不然，在电商的外表下，两家公司有着完全不同的商业模式。

京东是典型的B2C自营电商，淘宝则是最具代表性的C2C电商平台，二者的区别就是京东通过售卖产品赚取毛利，淘宝通过提供销售平台赚取服务费。举个例子：对于京东来说，他以90元的进价买来了一套餐具，在自家平台上挂出100元的售价，买家付款，交易完成，京东赚取差价10元；对于淘宝来说，第三方卖家以90元的

---

❶ 梁辰. 阿里巴巴2020财年实现万亿美元GMV 收入超预期[EB/OL]．（2020-05-22）. https://baijiahao.baidu.com/s?id=1667394649753116411&wfr=spider&for=pc.

进价买来一套餐具，在平台上挂出100元的售价，这个过程卖家因为使用了淘宝，所以需要向平台支付5元服务费，这5元即淘宝的收入。

京东选择自营，是刘强东在中关村电子市场上摆摊时便萌发的想法。中关村鱼龙混杂，有像京东一样真心实意为消费者提供优质服务与产品的商家，也有利用信息差做"一锤子"欺诈买卖的商家。参差不齐的交易环境让消费者本能地产生一定排斥心理，毕竟没有人希望买到假货，也没有人愿意被欺骗。能有大量的消费者簇拥于此，只是因为市面上没有更好的替代，一旦出现新的选择，像中关村这样的综合性数码城绝对会迅速没落。涅而不缁，京东无法撼动市场，但至少可以坚持自我不被外部环境所腐蚀，每笔订单提供发票，坚持售卖正品行货，这一切奠定了未来京东的经营理念。

在转型线上的过程中，京东面临两种选择，一种是能迅速占领市场的平台电商，另一种是稳扎稳打的自营电商。思索再三后，京东还是选择全部自营——这是站在消费者角度的底层逻辑。

平台电商的商品来自第三方，且在交易过程中不能做到实时监管，因此难以杜绝售假卖假。上线于2003年5月的淘宝，虽然长期霸占电子商务龙头的地位，但横行的假货和恶劣的卖家，是淘宝成长道路上一直难以根治的顽疾。淘宝只是一个交易平台，为买卖双方提供交易机会，不涉足具体交易事项，就相当于将现实中的交易所、大卖场，从线下搬到了线上，意思就是淘宝实行平台自治规则，不参与买卖双方的交易活动，仅从交易中收取提成。这就导致大量虚假事件层出不穷。卖家对产品拥有极高的定价权，利用信息差恶意抬价、溢价的现象时有发生；而由于在交易之前，消费者无法直接接触货物，也见不到卖家，不法分子有机可乘，山寨、盗版产品屡见不鲜；信用评价系统本是督促卖家诚信交易，保障买家利益的创新之举，但部分低素质卖家却因为差评而人身攻击、骚扰威胁消费者，造成恶劣影响。更大的问题是，早期淘宝缺乏监管能力，卖家分散在全国各地，整个交易过程也是在网上进行，淘宝所能做的只有事后制裁，最严厉的也不过查封关店。在开店零成本的当时，卖家完全可以换个"马甲"再起，淘宝也无可奈何。

为了保证商品与服务的品质而坚持自营，对于一家初出茅庐的小企业来说可谓魄力十足，它虽然保证了产品的正品率，但付出的代价也是相当大的。B2C存在的两大问题，一个是规模增长问题，另一个是资金投入问题。

首先是规模增长慢。制约B2C自营电商发展的决定性因素是存在天花板的仓储能力，能在平台上架的产品一定在京东仓库占有一席之地，仓库的大小直接决定了平台规模。京东在经营单一3C类产品时就遇到品种多、品牌杂的问题，全品类扩张后始终在时尚女装领域慢淘宝半拍，也是因为该品类的仓储问题。

其次是资金投入大。新建仓库需要投入大量初期成本，对于刚刚涉足电商领域的京东而言，需要用过去积累的财富去铺平通往B2C的道路。在后续的经营中，堆积在仓库的"固定资产"会占据企业大量流动资金，如果不能及时清理周转，会严重影响后续良性经营。与高投入格格不入的是前期的低回报，B2C需要用亏本换规模，扩张过程中更多依赖的是外部资本的扶持，即便是当时的行业翘楚当当，也是在12年过后才实现首次盈利。

"创造价值才能得到回报！"这是刘强东口中常常提起的一句话，也是商业遵守的基本逻辑。京东以牺牲自身发展为代价，为消费者创造了购买正品行货的价值，收获了大量忠实粉丝。虽然用户增长不如同时期的淘宝，但经过严格质量检测的商品能得到消费者更高的信任度，单一顾客的回购概率也更高。尤其是3C数码等单品价格高的产品，消费者第一时间想到的一定是京东平台，在他们眼中选择京东就等同于得到了保障。根据《2017年3C市场行业报告》显示，2016年，京东3C销售额占线上市场份额超过50%，淘宝/天猫，以及苏宁、国美、亚马逊中国瓜分其他不到50%的市场。

到今天，中国电子商务有关的法律法规开始趋于完善，各大电商平台不管是货物渠道还是服务质量都有了制度保障，但是买贵重物品上京东的购物习惯却被保留了下来。

⊙ 京东客服不只是售后

进入21世纪后，中国社会和经济得到了长足的发展，随着消费结构的一次次升级，围绕消费者的商业活动重要性逐渐凸显，一场没有硝烟的客户争夺战在企业间打响，如何创新性地为消费者提供优质、高效的服务，是所有零售企业的当务之急。2009年以前，京东凭借"同质产品，更低价格"收获了大批忠实粉丝；2009年以后，京东宣布要由价格第一转向服务第一。

2008年经济危机从华尔街向其他国家扩散，千亿美元瞬间蒸发，全球经济一片萧条。但超过所有人预期的是，经济危机却没有阻挡中国电商的井喷式发展，订单源源不断地向以京东为代表的电商平台输送。到2009年初，京东后端的客服早已忙成一锅粥，虽然在华北、华东、华南三个地区京东都设有客服团队，但各地客服数量不过十余个，呼叫中心的接通率也只有25%——平均每4人在购物中遇到问题时，只有1个人能享受到京东客服的服务。

对于电商平台，在经营过程中能与消费者发生直接接触的就是客服环节，它能有效解决消费者在购物中遇到的问题，形成良好的互动反馈。但实际的低接听率与京东所构想的高质量用户体验相去甚远，为了构建一个流畅、可靠的客服体系，2009年上半年起，京东开始在全国网罗人才，并计划在江苏宿迁修建一个超级呼叫中心。同年11月20日，宿迁呼叫中心正式成立，80人的客服团队从全国各地奔赴此地。

李绪勇时任呼叫中心负责人，他接到的任务是把接听率提高到96%。当时居住环境简陋，冬天没空调也没暖气，但新组建的客服团队斗志昂扬，上下一心，为了节省时间，提高在岗率，客服人员以跑代走，吃饭绝不拖泥带水。平均每人每天能接电话110～120次，遇到促销活动这个数字会上升到150以上，二层小楼内彰显出一派风风火火的情景。到年底，98%的接听率超额完成企业任务，团队展现出极强的执行力。

随着后续京东商城规模的持续扩大，客服中心也从80人的小团队发展到上万人的大部门，从经济开发区管委会的两层小楼发展到22万平方米的现代化办公大楼，从6人一间的硬板房到应有尽有的高标准员工宿舍。投诉处理能力和服务能力也随之提升。

在大众的普遍认知中，客服主要负责的是售后的善后问题，但京东的客服的的确确存在于消费行为的全环节中。京东3C出身的属性，导致许多电子发烧友会在线上与客服交流产品技术，新人小白慕名前来，提出的常见问题也能得到耐心解答。在下单后，客服也不会守株待兔，等待客户主动咨询，而是主动出击，询问客户是否需要帮助。通常在网购过程中，消费者最关心的莫过于物流信息，虽然这些信息都能在网站其他页面上查到，但这需要消费者自己去做这些多余的行为，因此，只要是在京东平台下单，都能收到一条客服短信，快递单号、发货时间、预计送达时间都有所包含，省去客户不少麻烦。

当然，在电子商务的背景下，良好的售后服务是消费者评价平台的重要指标。线上购物的特殊性，导致消费者无法直观地了解商品全貌，难免会因为信息差出现错误判断。京东商城也提供了良好的退换货服务，这样可以增加顾客在线购买此商品时的决心。比如，在京东商城上，绝大部分商品自签收之日起7天内消费者可以无理由退货；如果是京东商城的操作失误而导致的退货、退款，京东还承担运费或者"京豆"、消费券等其他方式的赔偿。针对存在质量问题而返修的产品，京东还特别推出"售后100分"的常态化服务。所谓"100分"，除了形容京东优质的售后服务外，还是对售后环节的时间限制，京东售后部门在收到退换产品那一刻开始计时，将在100分钟内解决包括退换货在内的一切问题。

交易完成不代表服务的尽头，京东还会为客户建立档案，对其进行终生的售后服务。以软件为例，该品类交易不是一锤子买卖，软件开发方会在产品推出后的一段时间内保持软件的维护和升级。当软件版本更新升级时，京东的系统会根据顾客的记录自动向所有曾经购买本软件的顾客发送一封邮件，详细介绍新版本软件比原有版本软件的优点，并说明版本升级的方法。

即便是职责以外，只要存在可能，每一位客服人员都会竭尽所能去给消费者创造良好的消费体验。丁康是负责接听钻石客户电话的客服人员，在京东的会员体系下，只有每年在京东平台消费额度达到3万元的人，才能升级为钻石客户。这类人群有丰富的网购经验，通常不会选择电话沟通，一旦他们拨打电话，就是极其棘手的问题。

这次打来电话的是一位同在宿迁地区的客户，他在京东非自营的店铺购买了两罐进口奶粉，第三方卖家选择其他物流发货。没想到因为快递积压，本应三天到达的奶粉在第七天还迟迟没有送到客户手里，家里的孩子嗷嗷待哺，客户一怒之下才打电话向客服抱怨。第三方快递的问题并不是客服人员职权范围内可以解决的，但丁康看客户和自己都在宿迁，便主动提出帮客户取货、配送。第二天下班后，丁康骑了一个小时电动车才到达呼叫中心15公里外的快递站，在堆积如山的快递包裹中，翻了近半小时才找到客户购买的奶粉，又是20分钟的车程，终于将包裹送到了客户手中。

这样的案例比比皆是：有人接到电话说自家孩子的东西都在京东买，但现在孩子在哭不知道怎么办，客服人员就代入母亲角色，耐心地帮客户哄小孩；有人想买的商品所在区域不支持发货，客服人员就自家买下转寄给消费者……京东为了解决这些疑难杂症，甚至设立专门的客户关怀部，当作问题来临时的最后一道防线。

和"让天下没有难做的生意"的阿里巴巴不同，京东始终偏向如何让消费者有更好的体验，这也是时至今日消费者在购买贵重商品时，总能下意识地想到京东的原因。

⊙ 大而全——客户所想

2007年8月28日，在北京中国大饭店，今日资本宣布投资京东1000万美元——相当于京东前一年的交易额。这是京东成立的近十年来，第一次得到外部资本的帮助。

京东早期的自营模式，保证正品的同时，低价高效的口碑也深入消费者心中，但自营模式的弊端也在发展的过程中日益显现：无法快速覆盖更多的SKU，消费者在京东购买手机后，如果还有其他品类的购物需求，需要跳转到其他平台去实现。无法为消费者创造价值，这等同于是把自己珍贵的客户资源拱手让出。没有新品类加入，发展的瓶颈是迟早的事。因此在拿到1000万美元后，刘强东做的第一件事就是扩张品类，打算将京东从专业的3C产品商城转变为一站式消费平台。他想在机会到来前，舍命狂奔，以大而全的姿态迎接未来。

"我不顾投资人和高管团队的反对，坚持开启全品类战略，理由很简单，就是因为顾客在3C之外，还希望买到更加丰富的商品。京东满足了他们的需求，就能把他们留下来。"❶ 垂直3C领域纵使能提供最优质的服务，但也只能满足消费者特定方面的需求，全品类是京东必须走的道路。其实不管是线上还是线下，不管是降低成本还是提升效率，这一切最终都会落实到消费者身上，谁的创新可以满足消费者需求，谁的创新能为消费者创造价值，市场就会选择谁。也正是在这种价值导向下，虽然在狂奔，但京东的步伐却格外稳健。

全品类绝非根据市场调查，往仓库中填充各式各样的商品。和3C一样，消费者在京东商城购买的产品，一定要比其他零售渠道购买的产品更具有价值，这里的价值，是同等产品更低的价格，也是同等产品更好的服务。隔行如隔山，每扩展一个行业，每新增一个品类，都要花费巨大的心血。以图书为例，京东仓库中所有的产品都是按照"类"排列在货架上：这一块是计算机类，那一块是通信类，还有一块是消费类电子产品；计算机类下又有不同品牌、不同配件，虽然品种繁多但也井井有条。但图书却不行，不仅"类"多，

---

❶ 李志刚. 创京东：刘强东亲述创业之路 [M]. 北京：中信出版社，2015.

"类"下的子项目更是数不胜数，而流行文学和畅销读本间并没有清晰的分界线，包括同一本书由不同出版社出版，划分到哪？怎么划分？设计分类体系往往需要多次审核修订。

自京东决定全品类扩张后，在消费者所能看到的地方外，京东开启紧锣密鼓的准备。这其中包括对客服人员的立体培训，保证在日后消费者提出问题时可以从容应对；规划仓储物流系统，哪些地方能承载多少货量，消费者如何最快收到货物；售后问题如何划分，哪些是京东可以自己解决的，哪些是需要联系厂家共同解决的……当消费者进入商场后的一切行为都有预演，可能存在的一切问题都准备妥当，新产品才能上线。如果不是这样，会给用户造成不良的消费体验，新用户敬而远之，老用户弃而走之。

所以即便刘强东急不可耐地想将京东做大做强，他依然刻意放缓了全品类的上线速度。包括从线下转线上，作为最拿手的产品领域，京东还是用了五年时间才把自己3C产品的矩阵图呈现在消费者眼前。因此，在刘强东宣布全品类战略后，以外部的视角很难发现京东有何变化——它还是那个3C电商，起码在网站的页面上只能买到3C产品。

2010年前后，中国垂直领域电商迎来了发展的高潮，各个单品类电商步入十亿殿堂：酒类的酒仙网、化妆品类的乐蜂网、鞋类的乐淘和好乐买、箱包类的麦包包、运动类的西街网、家居类的空间网家居商城。当众人都快忘记京东商城有全品类计划时，2010年3月11日，一则京东并购千寻网的消息在中国电商界激起千层浪。千寻网是由韩国最大移动通信运营商SK电讯投资设立的针对中国市场的电子商务公司，主要经营品牌服饰、鞋帽类产品。背靠SK电讯，千寻网可以从韩国、美国等地直拿全球进口产品，27万的SKU，300余家独立供应商，奠定了千寻网在单一垂直领域的绝对优势。但自千寻网2009年上线，两个月内高层领导就选择离职，缺乏主帅坐镇的千寻网接连被爆出服务差、发货慢甚至是假货问题。经营一落千丈，SK电讯也放弃了后续投资。京东瞅准时机，选择以并购的方式，拯救千寻网于水火之中，同时填补了自己的商城品类的空缺。

不鸣则已，一鸣惊人。在迈出向百货商品拓展的第一步后，同年年底京东商城上线图书分类。为了解决图书存在的仓储问题，京东还重新设计仓库系统，为图书品类新建单独仓库。费尽心思的京东却没打算在毛利率上赚多少钱，其图书售价远低于市场售价，甚至一度低于自己的进价，只为向市场宣布，京东不再是垂直领域电商。"One world, One shop（一个世界只需要一家商店）！"这是京东当时在内部提出的一句口号，既可以理解为京东统一零售市场的野心，也能理解为京东致力于打造一站式服务平台，进军全品类的决心。

对京东而言，其并不关心商品品类好卖与否，它仅需做的就是尽快上线所有商品品类。2012年，京东再次上线比图书利润还微薄的品类——电子书。随着互联网的日益普及，消费者对纸质图书的需求已大不如前，电子书一跃而起成为市场的宠儿。正是存在这种需求，为了让消费者可以在京东享受一站式购物体验，即便没有盈利能力，京东还是选择上线电子书。

2006年，京东在3C领域的电商小有所成，这并不能让刘强东满足，他的目光始终凝视着更远的地方——成为亚马逊那样的超级零售企业，全品类一定是未来的战场。2012年京东商城销售额达到600亿元，规模的迅速增长不但没有绑架京东，反而拓宽了商城售卖的产品品类。时至今日，京东早已成长为一家综合性电子商城，品类涉及消费者能想到的所有方面，从传统百货到即时生鲜，从实体商品到虚拟服务，京东商城应有尽有。

京东应消费者的一站式购物需求，开展了一系列的业务板块创新，以图书、百货、大家电等品类为跳板，开始向全品类商城进军，最终完成从垂直领域电商到全品类综合电商的华丽转身。

第二节
效率提升，重塑销售体系

中国现代商业形成的分销体系将品牌的触角延伸至大江南北，但逐级分销的金字塔销售体系削弱了终端产品的议价能力。京东转型线上，通过电商平台补足了产品在全国范围的触达；拒绝分销，尽可能地减少中间层面的资源损耗，把更多的价值留给消费者。

⊙ 被动上线主动转型

自20世纪80年代互联网诞生起，一场跨越时间和空间的连接热潮在全球掀起，一种全新的零售模式也伴随新技术孕育而生——电商。期间，美国诞生出大批类似亚马逊、eBay的电商网站。

这些网站虽然依旧从事的是零售行业，但经营方式已转化为互联网思维，他们对产品利润并没有抱太大期望，把注意力集中在增加用户基数，因此在短时间内迅速发展壮大，展现出一片欣欣向荣的光景。互联网模式被华尔街看好，一时间各类网站纷纷成立，资本也大把大把投钱，互联网股票一路飙涨。

国内虽然落后几年但也跟上了世界的趋势，搜狐、新浪、网易等门户网站先后成立，电商方面也涌现出诸如8848、卓越、易趣、当当等平台。

新事物从横空出世到安全落地，必然要经历艰难曲折，必然要面对重重阻碍，这是创新需要付出的代价。但互联网模式的增长太一帆风顺了，宛如一个被吹大的泡沫，光鲜亮丽的外表都是假象，等规模到达临界时，不需要外力泡沫也会自己炸裂。2000年，泡沫在极限之后爆炸了，一场互联网的寒冬接踵而至。美国纳斯达克指数从2000年的历史最高点5048一路下跌至2002年的1114，整个股市蒸发了超过三分之二的市值。互联网产业成为众矢之的，方兴未艾的中国互联网也深受影响。

以实业为主的京东多媒体庆幸自己避开了这次寒冬，反而如火如茶地开始拓展线下市场，门店越开越多，一度达到12个。正当刘强东踌躇满志，准备继续扩大规模时，一场突如其来并且不受任何人控制的危机袭来。

2003年3月6日，北京发现一例输入性非典型肺炎病例，强传染性导致超过10名医护人员感染疾病。4月16日，世界卫生组织正式宣布"非典"的致病因素是冠状病毒——SARS病毒。随后，中国做出重大突发公共卫生事件Ⅰ级响应，北京封城，全国其他地方也笼罩在病毒的阴影下。街头寥寥无人，商铺门可罗雀，各项经济活动被迫按下了暂停键，A股在开盘后的首个交易周内暴跌7.84%。极度依赖客流量的线下零售行业更是遭到重创。

京东也不得不把12家门店全部关闭。对于京东来说，疫情带来的损失不是暂停营业造成的收入缺失，而是线下零售天然存在的库存压力。京东采购的货物堆积在办公室里，电子产品的独特属性导致它积压时间越长，掉价越多，这导致同时期中关村其他店铺不得已降价抛售产品，平均降价幅度在30%～40%。仅仅21天，京东亏损的数额就达到了800万元，要知道当时整个公司只有2000多万元的账面资金，如果疫情不能在两个月内结束，等待他的只有破产。

自己精心建设的商业城堡只剩下两个月的寿命，这让刘强东焦急万分。每天留在办公室的众人就坐在一起，头脑风暴京东未来的出路。这时，有人想到既然不能见面交易，那为什么不能直接借助互联网完成交易呢？

互联网泡沫炸裂后的惨状还历历在目，但在危急关头也顾不了太多，刘强东组织手下员工，在各个社交平台、网络论坛注册账号去推销产品，结果并不如人所愿。

当时京东的商业模式还不能称为电商，他是通过网络平台获客，消费者在网络聊天窗口选货、付款，京东再按照消费者的选择联系快递送至消费者手上。本来中关村就存在真假难辨的情况，当时更是见不到货，也见不到人，如果省略后半部分还是常见的网络诈骗流程，经营难度可想而知。

好在之前京东在中关村树立的"只卖正品行货"形象，在危急时刻发挥了至关重要的作用。在一个名为"CDbest"的网络论坛上，京东员工像往常一样发帖推销自家产品，却意外得到了论坛版主的青睐，版主留言称："京东多媒体是我认识的唯一一家不卖假光碟的公司。"版主的肯定不只是消费意见领袖，更是版主身份的信用背书，这在小圈子中格外管用。很快，京东就得到了21位网友的信任，线上零售的可行性得到证实。"非典"也在6月得到了控制，12家门店恢复营业，京东多媒体活了下来。

时隔多年，刘强东在央视节目《对话》上再次回忆这段往事时仍心有余悸："整个创业过程中，有两次我确确实实有恐惧感，觉得自己的事业要倒闭，要完蛋，一个是'非典'，另一个是2008年的金融危机。"

线下虽然恢复了，但刘强东也不愿意放弃这条刚打通的出路。他成立了一个京东论坛，定期在上面发布产品参数和价格，消费者自行挑选后留下QQ号，会有专门的人联系客户。京东则在QQ上记录客户的选择和地址，收到汇款后按照名单，去库房提货、发货。如果客户居住在中关村，还可以得到"快递员"刘强东的亲自上门送货。相比线下门店，网络论坛的成本趋近于零，在2003年的下半年，为京东带来了超过1000个订单，总销售额直逼线下门店。

刘强东敏锐地意识到线上销售暗藏的商机，积极拥抱新生事物带来的变革，表现出对互联网的极大兴趣。白天公司工作，夜晚网上冲浪，甚至在凌晨5点都能看到他穿梭于互联网的活跃身影。终于在2004年1月1日，京东线上零售多媒体网站（www.jdlaser.com）正式开放运营。以现在的眼光看，网站UI设计可谓"粗制滥造"，每个产品页面上只配有干瘪的参数介绍和几张实物拍摄图，如果消费者在点开网页前不对产品有颇深的了解，实际上是很难作出消费行为选择的。不过"小白"也并非线上的目标受众，绝对正品的最低价格足以吸引到大多数光磁产品的"发烧友"，这也是之后很长一段时间，京东深受"装机党"喜爱的原因。

2003年，京东已是一家销售额超过8000万元的销售商。与此同时，中国零售行业呈现出大型、连锁、全品类的发展趋势。2000年后，以国美、苏宁为代表的零售企业快速扩张线下门店，新建大型卖场；2004年，两家企业分别上市，得到资金补充后更是圈地赛马，线下门店井喷式爆发。可中国薄弱的线上零售并没有得到国内线下零售企业的重视，反而是国外企业盯上了中国这片广袤的市场。2003年eBay以1.5亿美元的价格全资收购易趣，2004年亚马逊也用

7500万美元收购卓越网。线上、线下、线上线下并行，三条路摆在京东面前。按照原本的商业规划，未来京东将紧跟国美、苏宁的步伐，深耕线下渠道，将已有的12个门店扩展到500个——如果京东没有尝到线上零售甜头的话。受到国内大卖场和国外电商的夹击，留给京东作出选择的时间不多了，箭在弦上，不得不发。

2004年的一个早晨，刘强东火急火燎地把所有员工召集在一起，商量京东在零售路口该作何选择。说是商量，但更多的是刘强东表达自己的想法：转型！砍掉京东所有的线下业务，全力发展线上零售。刘强东的理由很简单，转型能为消费者创造更多的价值：消费者在线上的消费体验远远优于线下，省去门店租金后也能将产品售价降到更低。

和刘强东预计的如出一辙，面对突如其来的变革，绝大多数员工依然坚持死守线下，誓把京东发展成3C领域的国美。这不难理解：

首先，当时我国互联网还处在起步阶段，电脑对于一般家庭来说还停留在奢侈品阶段。第13次《中国互联网络发展状况统计报告》显示，截至2003年底，我国互联网宽带接入用户人数只有1740万人，上网用户总人数7950万人，互联网普及率仅为6.2%。用户基数小，市场又能大到哪里去呢？

其次，苏宁和国美已经在前面走出了一条成功的道路，而京东过去5年的发展也证实了这条道路适合他们。既然如此，为何要冒着巨大风险，颠覆已经建立的商业模式，去选择另一条尚不明朗的路？

刘强东没有听进他人的劝阻，还是独行其是关闭线下门店，转型线上电商，仅保留了一个柜台作为进货渠道。变革势必带来阵痛，有的人在转型中选择了离开，对于京东来说是莫大的损失，但刘强东从不后悔当时的决定。将时间向后拨转十年，昔日辉煌的中关村已成为时代的眼泪，连锁商超也面临转型的焦虑和尴尬。而京东却赶上了电商的风口，扶摇直上。

创新绝非空中楼阁，一定要回归到商业的底层逻辑。以零售为代表的商业行为，本质是把产品送到消费者手中，整个过程要注意的无外乎两点：节约成本，提高效率。房地产水涨船高，线下租金的负担只会越来越重，转型线上就能很好地规避这一成本问题；电商非点对点的销售模式，也能极大提升交易效率。认清了这一点，京东才能在混乱中找到"阿里阿德涅之线"。

⊙ 最短距离，直连品牌商

如果要评价京东在电商网站上线初期做得最成功的一件事，就莫过于解决了上游供应商的难题。

过去，京东的进货渠道主要是从中关村卖场的其他档口处批发，凭借门店名义和数量优势，京东能够以低于市场零售的价格拿到货物。这也是京东在全面转型电商时，依然保留线下门店的原因。但这种经营模式很快就无法适应京东的增长速度，到2005年底，京东线上收入增长3倍，达到3000万元，并呈现出一片欣欣向荣的局面。像初升的太阳，绽放出万丈光芒也只是时间的问题。

电商的高速发展，源自京东以价格带动销量的战略创新，其任何一步都未曾忘记零售的两条基本逻辑：成本和效率。商业模式的转变，使得京东商城的产品拥有行业无法比拟的价格优势，像一个搅局者，完全打破了市场原有的价格体系。而自20世纪80年代兴起的代理体系，分销层层加码，如果省去中间代理商这一环节，还能进一步降本增效。这不仅招来了传统线下商户的眼红，同样也惹恼了渠道供应商——与进价基本持平的售价已经严重影响到厂家的利益。当时大型3C厂商都有自己严密的分销体系，通过层层铺货，保证了自己品牌的末端可以触达全国各市、县、乡，也养活了大大小小的品牌分销商。而京东的低价无异于全国范围内串货乱价，不仅砸了分销商的饭碗，还破坏了厂商原有的品牌价格体系，这在新世界商业规则建立以前是不被行业所允许的，因此京东一时间遭到了许多家供应商的抵制。明基智能科技曾公开发文，声称"个别网站"并未得到官方授权，该商城售卖的明基产品无法保证正品，虽然没有指名道姓，但在字里行间都透露着两个字——京东。

高速发展需要足够的货量支撑，但愿意供货的供应商却日益减少，没有人想被扼住喉咙。为巩固已有的阵地，京东必须解决上游渠道问题。2005年，京东成立采销部，专门负责解决采购问题。虽然有独立的职能部门，但采销人员还是之前和刘强东一起在中关村打拼的兄弟，他们的思维还没有跳脱出大卖场柜台的采销模式，通

第 一 章 京 东 创 新 法 则 1： 回 归 基 本 逻 辑

常是在已知的几家供应商里挨个问价，选择报价最低的一家进货。这个月找供应商甲、下个月找供应商乙，相同品牌的不同产品有时需要四五家供应商，他们分布在北京、上海、深圳等众多地方。看似是节约成本的最优选择，但靠价格维系的供应链十分不稳定，如果企业想要长期发展，必须站在全局角度，与供应商建立战略合作关系。

当时，愿意给京东供货的经销商，多半是将京东看作一个稳定的出货路径，减轻销售压力。这类经销商的经营规模并不足以支撑高速发展的京东，而在厂商的压力下，他们也不能肆无忌惮地为京东提供产品给予京东足够的货源支持。于是京东决定逆势而上，优化上游渠道，从省级、全国级代理处拿货，有可能还要和品牌商直接建立联系。

2006年，京东销售额从3000万元再次增长到8000万元，虽然增速惊人，但商城整体体量还是太小，采销人员昂首阔步地踏入北京总代理处，一次要进的货物却只有10件左右，这样的手笔还是略显小气，对方的态度自然也是爱搭不理。

这段时间，采销部的总负责人孙加明也在各大厂商间游走，他听到最多的一句话，也是最直击灵魂的一句话就是："我为什么要在成熟的全国代理体系之外建立电商渠道？"有一次，孙加明和负责笔记本电脑采购的姚彦中凭借熟人关系，好不容易联系上了在全球个人电脑制造排名里名列前茅的宏碁。数十页的PPT，上到全球经济、电子商务，下至京东创业历史、未来宏图，在热血沸腾的宣讲下，对方终于同意给京东供货，但有一个附加条件：每个月保证出货量在1024台以上。对于2007年的京东，自家商城一个月在笔记本电脑品类下的总销售量都没这么多，二人相视尴尬一笑，讪讪离去。

将目光投向大洋彼岸的另一家零售企业亚马逊，其创始人杰夫·贝索斯曾提出一个名为"扩张优先"的零售理念。在他看来，零售企业的第一要务并非过分追求毛利率，而是集中力量发展企业，当企业拥有足够的规模时，就能以更低的价格从供应商手中批发货物，低成本随即也会带来更强的销售能力。这不仅仅是理论知识，亚马逊用自己作为案例，真实演绎了其可行性，这也极大地启发了京东。

2007年，京东依旧保持着高速发展，累计注册人数已达到数十万，电商的优势也日渐突出。相比连锁大卖场，电商免去了品牌商的进场费、装修费等额外支出，还将原本三个月以上的返款周期缩短到一个月内。伴随着"宽带入户"，多数家庭都开始驶入信息高速公路，电商的市场潜力也逐渐爆发。属于京东的舞台终于来了。

这家异军突起的电商公司终于得到了3C品牌厂商的重视。一天下午，英特尔中国区总裁杨旭亲自上门拜访，这令刘强东受宠若惊，作为全球电脑处理器的霸主，英特尔的影响力堪称非凡。而在之后的攀谈中，杨旭更是简明扼要地告诉刘强东，在英特尔的商业规划中，未来互联网销售市场定会在零售领域占据举足轻重的地位，所以他们希望能与京东建立长期战略合作。

英特尔抛出的橄榄枝让京东瞬时声名鹊起，随后京东也乘胜追击，接连争取到惠普、联想等知名IT公司的合作订单，到2007年底，京东商城已囊括当时主流消费类IT厂商的产品，销售额更是增长4.5倍，达到了3.5亿元之多。2008年，曾公开发文抨击京东的明基也找上门来谈品牌供应，一批滞销产品在京东的运作下，两天卖出上千台。这次，明基终于肯定了京东的出货能力。

在此之后，京东一改过去出门碰壁的颓势，开始摧枯拉朽般重构品牌销售渠道规则。虽然仍然有部分品牌代理商对京东"不讲武德"的价格战表示抗议，但已不能阻挡品牌商给京东源源不断地供货。

"这个过程是很痛苦、很曲折的，能取得成功根本的原因是利益——我有这么多终端用户，而且以每年3倍的速度增长，有用户就有销量，就不愁找不到供货商。我们的低价虽然对传统渠道有冲击，但他们也有出货量的压力，因为有量才有返点，所以只要能卖掉，有时候他们不赚钱都愿意给我供货。"2011年，刘强东在接受《中国企业家》采访时感慨道。

第三节
要更快也要更好，京东物流创新

"京东是一个用技术来打造供应链服务的公司！"这是刘强东在2018年的"互联网+数字经济峰会"上给予京东的定义，可见供应链能力是京东引以为豪的核心竞争力。从2007年开始，京东开始布局物流领域，并在逐年发展中搭建起一套完整的一体化供应链。涉足物流，做大供应链，正是回归基本逻辑的思维方式，在京东看来，以降本增效为目的的自建物流体系，可以重新构建市场供应链系统，最终为消费者创造价值。

⊙ 两种模式的争论

"物流"一词并非自古存在，而是特定时代下诞生的产物。

20世纪初，全球笼罩在世界大战的阴霾下，为了在战争中拔得头筹，美国率先提出"Physical Distribution（PD）"的后勤概念，在当时的语境下，许多译者将其翻译为"实物配送"或"物的流通"，即为前线战场运输物资，此时物流等同于后勤。

到20世纪60年代，全球局势趋于和平，战后经济复苏与发展成为主题，日本将这一概念引入商业活动中，用来概括生产和消费之间，对物资的一切管控行为。我国改革开放以后，人们的商业思维开始崛起，将产品从一个地方运送至另一个地方就是"物流"，这种概念意识也在对外贸易之中传入中国。但这一阶段，全球经济普遍停留在物资短缺阶段，以产定销是市场的主流模式，在这种情况下，物流的目的是尽快将产品售出，执行速度是主要发展方向。

21世纪以后，全球经济开始从短缺走向过剩，伴随着互联网与电子商务的崛起，物流被赋予了更高的价值，除扩大销售外，降低控制成本、提升服务成为物流新目标。2006年，为了规范行业标准，全国物流标准化技术委员会和全国物流信息管理标准化技术委员会联合起草中华人民共和国国家标准《物流术语》（GB/T 18354—2006），给予"物流"的官方注释："物品从供应地向接收地的实体流动过程。根据实际需要，将运输、储存、装卸、搬运、包装、流通加工、配送、信息处理等基本功能实施有机结合。"这个注释被沿用至今。

物流在电子商务中的重要性不言而喻，它是实现线上交易的重要保障，也是组成电子商务的最后拼图。

对于企业来讲，物流决定了企业的经济效率。管理学大师彼得·德鲁克曾将物流比作"经济的黑色大陆"，直言："物流成本是继物质成本和劳务成本后的'企业第三利润源'。"的确，物流配送的快慢直接决定了交易完成的效率，这将在时间成本和资金周转两方面影响企业的经济效益。对于消费者来讲，物流是企业提供的销售服务之一，也是直接与消费者产生线下接触的环节，它的好坏将直接影响消费体验。经过了十年的野蛮生长，我国不同的电子商务平台在产品种类、产品品质、线上购物体验方面已日趋雷同，未来电商企业的战场将在物流配送领域展开。

当前，全球电商领域主要采用两种物流模式，分别是电商自营物流和第三方委托物流。

电商自营物流，即电商企业在提供传统的商品买卖服务之余，还自己建立物流体系，承担连接消费者的任务。这种模式优点如下。

首先，电商企业对物流环节拥有较强的管控能力。物流作为职能部门被企业直接统筹管理，可以保障企业根据主观意志对仓储、运输、配送等环节进行调整，便于配合线上业务开展有关活动。比如在"6·18""双11"等全民线上购物节期间，短期内暴涨的订单数量和既有的配送能力之间的矛盾，会导致快递的时效性大减，而自建物流便可以根据预测，提前规划布局保障运力。同时，物流作为连接买卖双方的桥梁，蕴含大量信息与机密，自建物流避免交易双方外的其他角色介入，有利于保护信息安全。

其次，物流作为与消费者直接接触的环节，是企业提升用户线上消费体验的重要途径，优质、高效的物流服务可以为企业赢得更多顾客的青睐。如果消费者在购物过程中对物流环节存在任何意见，反映给第三方物流公司可能不会得到满意的答复，因为平台才是他们的客户。自建物流则不存在此类问题，消费者可以直接越过物流给平台反馈，这种反馈不仅能满足消费者的诉求，还可以帮助企业提升物流的质量和效率。

但物流属于实业投资，一个完整的物流体系必须要拥有一定的规模才能降低成本，在前期物流网络铺设过程中企业的资金流动性和灵活性都会受到一定程度的制约。要想建设全国性规模的物流体系，一次性投入需求巨大，这其中包括人工成本、场地成本、设备成本及渠道开拓等。企业可动用的资金总数是一个定值，物流环节的高额投资势必会削弱企业其他重要环节的投入，尤其是以电商为主业的平台，把重心放在物流上可能会削弱企业在原有市场的竞争力。电商企业从事物流管理，本就是跨行业的多元经营，面对一个没有成熟管理系统、没有专业优秀人才的团队，管理难度大，增加了潜在的业务风险。以上只是建设初期存在的问题，自建物流就像是一双"红舞鞋"，一旦穿上就无法脱掉，在线上购物需求迅猛增长的时期，物流规模有可能会成为限制企业争夺市场的"累赘"。

因此，自营物流并不是电商的主流，国内采用该模式的企业屈指可数：京东自2007年开始着手建立自营物流，在长期亏损的情况下始终坚持经营；2008年，卓越在被亚马逊收购以后，开始筹备自营的物流公司"世纪卓越快递"，凡客诚品也在同年成立只为自家电商企业服务的"如风达速递"，但这两家企业还是走向了衰落；唯品会在2013年起建立"品骏物流"，无奈6年后还是选择社会化替代；当当虽然在全国各地建立起了物流中心，但只负责运输与仓储，绝不涉足"最后一公里"的配送。

与电商自营物流相对的是第三方委托物流。所谓的"第三方"，是相对销售方和消费方而言。在线上交易的过程中，卖方通过合同等形式，交由其他专业的物流公司来承担交易中的物流代理服务，卖方的竞争力在于商品。这是当下以淘宝为代表的绝大多数电商企业普遍选择的模式，其优点如下。

首先，第三方专业性强。经济学诺贝尔奖获得者保罗·萨缪尔森认为："专业化是指让个人各自集中精力去完成某一任务，使得每个人都可以发挥其特殊技能优势。"从经济学的角度来看，适度的专业化分工的确会带来更高的生产效率。第三方物流公司的主营业务就是物流，经过长期的发展和市场筛选，市面上常见的物流公司均已建立健全的渠道网络，并积累了一套成熟的管理运行体系。电商将物流托付给他们，可能比自己从零开始建物流体系得到的结果更好。这样一来企业也有更多的精力、财力投入主营的电商业务之中，通过集中资源配置，打造企业独有的核心竞争力。

其次，该模式成本优势明显。让第三方参与到物流活动之中，可以有效规避巨额的固定资产投入，降低物流运作的成本，加速企业现金流的周转。而第三方物流完善的物流网络，借助其规模效应，能有效减少物流成本。

此外，第三方物流的覆盖业务广泛。不同物流公司的主营业务不同，有的专注贵重物品的安全运输，有的专注生鲜产品的快速配送，电商企业可以根据自身需求，在第三方细分市场挑选相关物流公司。

当然，没有哪一种模式能做到十全十美，自营物流的优势就是第三方物流的劣势。将物流交给第三方后，电商企业便失去了对整个物流活动的掌控，无法站在企业战略的角度对物流服务作出统一的分配与安排，更不能根据企业需求开发定制化服务。这便会造成经营隐患。当物流企业与电商企业的定位标准不能同步时，消费者就有可能享受不到电商企业承诺的服务，影响企业形象、企业品牌的建设，更有可能导致客户资源的流失。

电商企业失去的不仅仅是对物流服务的控制，还有对物流成本的控制。在定价权上，电商企业只能被动地接受第三方物流开出的服务价格，无法对物流成本进行监管与控制，也不能享受物流所带来的"第三利润"。产品在从平台发往消费者的过程中，一直处于一种"黑箱"状态，其去向实际上已经脱离了电商的控制。如果第三方物流的设施系统不能与电商企业完美匹配，就会导致运输过程中出现问题不能及时反馈，电商企业也不能及时作出反应。

⊙ 京东一体化供应链

1985年，美国哈佛大学商学院教授迈克尔·波特在《竞争优势》一书中首次提出价值链的概念。他认为一个完整的价值链是从原材料供应开始，到消费者完成购买结束。整个链条中并非一个完整整体，企业可以重点去探索其中某一或某几个环节，最终形成超越对手的优势。京东选择创造价值的优势环节就是物流。

"诸侯混战，割据一方。"这是21世纪初中国物流行业极为真实的写照。自2001年中国加入世界贸易组织（WTO），社会经济得到迅速发展，物流行业也开始走上规模化与标准化的道路，国内外物流企业纷纷入局，开始着手准备市场布局。据统计，截至2007年底，全国累计得到工商部门批准登记的物流企业超过5万家，当年完成快件运输约15亿件，较2006年同比增长35%。❶

但由于中国物流还在起步阶段，只有少数像中国邮政这样的老

❶ 中国物流与采购联合会. 中国物流年鉴2008[M]. 北京：中国物资出版社，2008.

牌企业做到了全国范围内的业务覆盖，其他的物流企业多为地方性或区域性优势企业。为了快速争夺市场，形成规模优势，当时行业多以加盟店的方式扩张地盘。新设门店员工未经培训直接上岗，企业内部也缺乏有效的监管机制。暴力运输、丢件漏件，甚至监守自盗的情况时有发生。参差不齐的服务质量，严重影响了消费者的消费体验，依赖物流的电商企业也深受牵连。

京东最开始的电商生意，主要客户是在中关村创业时积累下来的老顾客，销售范围大不过北京城，一辆金杯车足以实现送货上门。随着口碑越传越好，生意越做越大，顾客群体也从北京发展到全国。第三方物流成为自然而然的选择，但是随之而来的是客户投诉率越来越高。

"物流信息怎么不更新了？""快递到快递站好几天了怎么不配送？""产品刚拿到手就是坏的怎么办？"客户投诉的内容，大多数都是物流过程中产生的问题，像运输慢、配送态度差等，客服人员诚心诚意地道歉还能取得顾客原谅，但诸如损件、断件、坏件这种情况，京东就必须自己承担损失给顾客免费换新。3C产品这样内部线路高度集成的设备极其害怕磕碰，运输过程稍有不慎就会造成损坏，而这将直接成为经济损失纳入企业的经营成本之中。

同时，第三方物流公司无法满足京东代收货款的需求。在线上购物刚刚兴起的年代，消费者对互联网的信任度并没有达到今天的高度，先付款后发货的消费模式在买方角度存在诸多风险，因此京东提供"货到付款"的选项，即消费者在签收快递时，确认产品无误后将货款交给物流公司，再由物流公司转交给电商。涉及金钱代管意味着物流公司需要在原本的运输服务外承担更多的责任，为避免纠纷，提供该项业务的企业寥寥无几。即便有少数企业可以提供代收货款服务，也普遍存在半个月以上的押款现象。京东在发货以后，至少需要20天以上才能拿到应得的货款，极不利于企业的资金周转和经营效率。

当你无法左右他人，让行业发生改变时，最有效的选择就是改变自己——自建物流。寥寥四个大字，实行起来谈何容易！没有相关专业知识和系统化经验的京东，甚至不能做出一个靠谱的成本预算，也难怪刘强东在董事会上提出自建物流的战略规划以后，并没有得到投资人与企业其他高管的支持。

围绕消费者创造价值，是京东经营生涯中始终坚持的正道，既然自建物流能解决消费体验的痛点，那么纵使有再多反对的声音，京东还是要坚定不移地迈出脚步。按刘强东自己的话来说，决定建立配套物流体系的出发点只有一个："我们要提供越来越好的顾客体验。顾客体验越来越好，吸引的新用户越来越多，但京东涵盖了采销、仓储、配送、客服等环节的自营模式也越来越重。这使得我们在很长一段时间内受到业内的广泛质疑。但质疑者没看到或者故意忽视的是，在京东厚重的模式背后，是行业费用率的大大降低，以及效率的大幅提升。我认为，模式是轻还是重并不是最重要的，最重要的是我们创造了什么价值。" [1]

---

❶ 李志刚. 创京东：刘强东亲述创业之路 [M]. 北京：中信出版社，2015.

京东涉足物流，受益最大的莫过于消费者。当京东物流作为竞争者挤占物流市场时，势必会搅动原本的一潭死水，促进整个物流行业的高质量发展，提高每一个消费者的物流服务体验；京东通过自建物流节省的成本，最终也会体现在市场零售的价格上。2007年8月，在得到今日资本1000万美元的投资之后，京东开始着手筹备物流体系的建设，并在北京招聘相关人才开启小范围试点运营。次年，北京配送站点拓展到了5个，覆盖北京绝大部分的地区，以此为基点，全国物流网络的布局开始跃然眼前。

从2009年起，京东先后在北京、上海、广东、成都、武汉五地设立物流中心辐射周边地区，实现全国重点城市的覆盖，并在沈阳、杭州、西安等地设立二级库房，作为五大物流中心的补充，为全国228个城市提供物流服务。截至2011年10月，京东物流累积运输订单数量突破1亿。同年，京东宣布上海"亚洲一号"智能物流中心已在筹备阶段，2014年3月10日"亚洲一号"正式投入运行，一期占地10万平方米，最大支持10万种SKU、430万件中型商品储存，日订单处理能力高达10万单，是当时亚洲范围内规模最大的现代物流园区。它的建成，标志着京东物流已取得跨越式的进步。

京东除大力发展面向消费者的物流配送外，也开始将目标延伸至供应商，为上游商家提供丰富的服务物流供应链解决方案的组合，提高供应链的物流效率。京东将其定义为"一体化供应链"。

什么是物流效率？这个看似简单的问题并不是每一个人都能给出正确的答案。2007年以后，电子商务的普及带动了中国物流行业井喷式的爆发，商品在运输过程中消耗的时间肉眼可见地减少，从一星期到三天，再到次日达、当日达，尤其是"最后一公里"的配送，放眼全球都无人可及。那么中国的物流效率高吗？答案是否定的。

上面提到的是物流速度，它和物流效率是两个完全不同的概念。效率的核心是单位成本下创造价值的多少，具象化来说就是物流成本在总GDP中的占比。2020年我国社会物流成本占全国GDP的14.7%，相当于我们每创造100元的财富，就需要在物流方面投入14.7元，而欧美等发达国家在2007年就将这个数字缩小到了8%。同样的财富，接近两倍的差距，当然是8元的效率更高。而所有的物流成本，最后都会以一定的形式，附加到商品上去，由消费者承担。

自打京东在中关村创业时就不喜欢分销体系，原因就在于这种模式需要支付更多的物流成本，换来的只是毫无价值地将货物搬来搬去。举个例子，一瓶矿泉水从生产厂家到家门口的小卖铺，需要经过工厂、品牌商、片区代理、省代理、市代理、批发市场、零售商店7次周转，其中必然存在重复路径，并且每次周转都需要经过清点、装卸，耗时耗力。一体化供应链的建设，可以有效减少货物周转次数，并根据大数据预测，对商品进行补货，保证商家的产销最优解，进一步提高产业效率，降低运输成本，全面改善终端消费者的购物体验。

2015年，京东率先在衣帽服饰、数码通信、食品酒水、美妆护理四大领域设计提供一体化供应链解决方案：在核心产地建立仓库，有效减少商品入仓的时间。同时，根据京东大数据，动态安排产品调拨，让商家能在不同市场环境下有针对性地进行库存部署，实现效率最大化。

徐福记所处的食品行业因为存在保质期问题，销售范围严重受限，通过2018年与京东携手打造"无界工厂"，去除中间仓储环节，直接连接生产商与消费者，将原本只能在产地东莞销售的商品送到了更大范围的消费者餐桌；李宁作为中国体育品牌的翘楚，2016年在与京东合作后，通过供应链融合、仓库共享，实现了存储效率的2倍提升，每年节省物流成本150万元；京东物流与安利展开深度合作，为安利节省10%以上的物流成本，并将库存周转天数降低40%以上，分销计划运营效率实现翻倍。

2017年京东将一体化供应链以品牌化运营的形式，向社会全产业开放，通过大数据与人工智能技术的应用，赋能B端企业。2018年京东面向全球，开启全球化战略，携手国外优质企业共建全球智能供应链基础网络。根据京东2020年财报数据显示，截至2020年京东物流在全国已建立起上千个仓库，总占地面积超过2100万平方米，投入运营的25座"亚洲一号"智能物流园区，共同构建了亚洲最大的物流产业群。借助一体化供应链，京东平台的产品平均周转天数固定在33.3天，远低于国内商业零售平均库存周转的63天。

以供应链为基础，技术与创新驱动，京东正昂首阔步迈向未来零售市场。

第 一 章 　 京 东 创 新 法 则 1： 回 归 基 本 逻 辑

⊙ 仓配一体的三张大网

2017年5月26日，在海拔5000米高的南疆重地和田，一名身着红衣的京东小哥，把一件印有京东logo的快递交到了当地居民帕尔哈提的手上。看似轻松的交付背后，承载的是京东物流在全中国地区覆盖梦想的最后一块拼图。在2016年京东年会上，刘强东宣称未来京东要投入100亿元建成三张"物流大网"，分别是：中小件仓配物流网络；以大家电为核心的大件物流网络；以冷藏冷冻为核心的冷链物流网络。

而这次和田包裹的配送，宣告了京东中小件物流配送服务网络的完全建成。

自京东入局物流以来，其核心经营方向均是以中小件为主，包括"亚洲一号"物流园区的建立，目标产品都是中小件快递。京东三张大网的建设重点，围绕大件物流网络和生鲜物流网络的建设展开。

大件物流网络是配送以大家电产品为主的物流体系。大家电这种品类，在终端配送时，除了送达交付外，还涉及安装和售后问题，对快递人员的综合素质提出了更高的要求。而且因为货物尺寸问题，大家电体系必须重建仓库，需要高额的资产投入。正因为如此，大件物流网络的建设颇有难度，行业内已经有不少先驱者折戟沉沙。

电商平台库巴网在2006年就将跑道瞄准了大家电。当时大家电市场主要被线下分销体系垄断，价格透明度尚未被互联网打破。一台出厂价只有七八千的电视机，最终呈现在消费者眼中时价格往往要翻一番。电商企业即便在零售价的基础上再降几千元，依然能收获颇丰的利润。而库巴网的市场集中在北京，买几辆货车就能实现送货上门，还节约了物流成本。借助市场给予的红利，库巴网在创立之初已经风生水起。但随着市场环境的变动，线上交易的需求量突增，尚不成熟的物流体系严重制约了库巴网的进一步发展。市场份额被其他企业蚕食，错失市场机会的库巴网最终被国美收购。

同行惨痛的经验摆在眼前，所以京东要想啃下大家电这块难啃的骨头，重中之重就是建立涵盖仓储、运输、配送、安装、售后的物流网络。早期京东没有明确的战略方向，也没有建立专门的物流网络的意向，只是把大家电当作配送部门下的一个子项目运行。这样的效果并不尽如人意，消费者很难将京东与大家电联系在一起，在消费者眼中京东还是那个3C领域的魁首。

从2011年开始，京东将大家电的归属调入仓储部门，以仓配一体化为切入点进行物流建设，京东大家电开始发力。短短一年时间就建立起十多座独立的大家电专用仓库。但是取得的效果并不明显，仓库单日订单数量基本不过百，配送区域也十分有限，以华中区大家电仓库为例，总共只有14个人参与运营，配送范围也仅限于江西、湖南、湖北、河南四个省的省会。是及时止损还是一战到底，在命运的选择题中京东选择了后者。

"虽然费用负担大，但必须做！"时任家电事业部总经理的闫小兵说到，大家电物流网络的建立前期投入固然高，但只有把物流网络建设起来，把服务延伸下去，才会被客户选择。

2012年一整年，京东在全国主要城市接连开设了15座大家电仓库，从一天几十单到上百、上千单，订单数量也在肉眼可见地增长；到2013年，京东大家电的物流网络已覆盖全国22个省及自治区，在江苏、浙江、广东等地更是做到了地级县市的全覆盖；2014年"双11"，许多仓库单日订单突破一万，仓配员工数量迅速增长，绝大多数地区实现大家电的次日达，也是这一年，京东在大家电的电商销售份额中，占到了50%以上。在京东物流对外开放业务以后，大件物流在市场中的订单数量同比增长超过3000%，亮眼的数字是市场对京东物流网络建设最直接的肯定。

在这一过程中，京东投入大量资金用于提升服务。京东商城的大件商品像彩电、洗衣机、空调、冰箱等的配送金额大、风险大。消费者如果对购买的商品不满意或者商品质量有问题需要退货换货，不仅需要支付逆向物流的运费，还得自己将大件商品搬运至快递站点。在解决上述问题前，京东的品牌建设与顾客的消费体验都存在较大的隐患。因此，在售后服务方面，京东投入重金提升物流人员服务水平，彻底打消消费者线上购买大家电的顾虑。如在全国重点城市建立了一整套配送、安装、维修、清洁售后体系；在农村地区安排上万名乡村推广员，帮助农村用户享受大件商品的一站式服务；依托京东帮品牌，在低线城市与第三方展开合作，实现超过1800个大件的售后服务。

通过京东强大的配送网络和智能仓储管理体系，京东物流的第二张大网已全面铺开。根据《2019年上半年中国家电市场报告》的数据显示，京东线上家电零售渠道份额达22.7%，位居零售电商之首。

三张大网中，建设难度最大的莫过于冷冻冷藏的生鲜物流链。早在二十世纪七八十年代，我国物流行业就出现了冷藏车点对点运输的形式。虽然没有形成"链"，但已能看到中国冷链物流产业的雏形。进入2000年以后，"冷链"一词出现在国家标准《物流术语》之中，但面向消费者的冷链运输并不算多见，"冰袋＋泡沫板箱"的运输模式是为数不多的冷冻冷藏运输。在这种背景下，消费者最熟悉的生鲜消费场景，是居民楼下的菜市场。很少企业提供远距离生鲜销售服务。

随着电商不断打通厂家与消费者之间的链接，渗透率不足1%的生鲜电商成为我国电商尚未攻破的最后一座堡垒。通常生鲜产品的流通环节为：产地养殖户—产地收购商—仓库—销售地批发商—社区零售商—消费者。附加成本层层加码，最终导致消费者到手时产品价格虚高。如果能在该领域建立仓配一体化的冷链物流，就能降低产品50%左右的价格。高昂的毛利率和我国生鲜市场每年万亿的销售规模，为争夺这片蓝海，生鲜电商在2012年以后开始进入野蛮生长期。

想要做生鲜，最重要的是提升冷链运输能力，而这是当时中国物流的一大短板。以仓储环节为例，京东建立1万平方米的普通仓库，需要的成本在500万元左右，如果建立的是1万平方米的冷库，花费的成本至少要翻一倍。因为要维持仓库的低温，一方面电力系统建设投入巨大，另一方面建成后仓库能耗也是一笔不小的支出。

除此之外，冷链最难做的还是解决不同商品对温度的需求差异。生鲜以下品类众多，不同商品需要的环境温度也不尽相同，新鲜的瓜果蔬菜需要的是4～6℃，猪肉、牛肉通常是–18℃，三文鱼等海鲜、河鲜温度要求更低。温度过高可能会导致食品腐败，温度过低则有可能影响食物品质，而一辆运输生鲜的汽车最多同时拥有两种温层，大大制约了企业的配送效率。因此在2012年前后，各家企业都在摸着石头过河，没有谁做到了盈利。

2014年，京东也以实验的形式开始尝试冷链建设，在北上广三地的配送站开始配备冰柜，并在运输车辆上添加小型冷藏盒，做到了24小时的低温运输。此后，京东不断在全国设立生鲜物流仓库，将网络的末端尽可能地向更多地方延伸。2018年京东基于人工智能、大数据等技术，构建供应链业务与数据中心，推出京东冷链。截至2020年底，京东冷链运营87个生鲜控温仓库，占地面积近50万平方米，可调用专门运输车辆2000台，运输网络覆盖全国31个省及自治区、直辖市。

三张大网的完全建设，成功降低了京东50%以上的物流成本，流通效率也得到了70%的提升。在技术推动经济转型的重要时期，人类的生活方式发生着天翻地覆的变化，面对日新月异的消费需求，如何在正确的时间、合适的场景，把产品提供给消费者，是未来对零售电商提出的终极挑战，拥有健全供应链基础的京东将在未来的竞争中占据绝对的优势。

⊙ 抢占末端制高点

高效且完备的干线运输宛如人体血液循环中的动脉，可以在短时间内实现商品点到点的运输；林立而起的仓储库房像心脏一样源源不断地为物流提供新鲜能量。京东经过辛苦的耕耘，建立起了一张遍布全国、涉及方方面面的物流巨网，仓库与干线物流基本实现了全国范围内的覆盖。正因如此，京东的配送体系才能以高效和快捷被消费者津津乐道。

但互联网催生而出的电子商务主要以面向个人消费者的B2C和C2C两种模式为主，其显著特点是订单多、规模小、分布面积广，在连接电商与消费者的"最后一公里"上呈现出了诸多问题。

订单数量的波动性与站点人数的固定性之间的冲突。消费不是一个持续行为，个体间的差异、时间上的差异都会导致订单数量产生波动，快递站点需要在数量、频率未知的情况下，对其所服务的区域做到全方位的及时配送。

快递员送货时间与收件人收货时间的冲突。由于客户的不确定性，快递方很难做到一次投递成功，只能为"某一公里"去反复投递，这无疑会造成资源浪费，提高运输成本，数据显示供应链最后一段的配送成本，能达到物流总成本的近三分之一。

此外，虽然物流公司与电商平台并非统一主体，包括京东在内也将物流部门独立出来单独运营，但对于消费者而言，物流作为消费的其中一环，其任何表现都会被消费者归于商家之中。而"最后一公里"作为直接与消费者产生交互的环节，个性化差异大，主观感受更强，物流方不能单纯站在速度或成本角度规划布局，还需从客户出发，做到配送效率与客户满意度的同步提升。这进一步加大了"最后一公里"的操作难度。因此，在推进更高覆盖面积的物流体系中，如何组织物流网络末端的小规模配送，是每一家电商企业都应该思考的问题。行业的痛点也是京东的痛点，当务之急就是在干线末端建立起密集的"毛细血管"，将终端与物流网络真正连接在一起。

当前，市场上可以见到的"最后一公里"配送模式一般有两种：一种是以菜鸟驿站为代表的间接配送模式，这种模式下，快件被统一运输到一个公共地点，由消费者自行前往提货；另一种是以京东、顺丰为代表的直接配送模式，即物流方将快件按地址送至客户家门口，或根据需求送到指定地点。两种模式各有优劣，但我们要承认的一点是，京东在"最后一公里"上表现出的配送效率和服务态度，已经成为京东商城的一块金字招牌，有时甚至能直接左右消费者的选择。

纵使京东商城上排列着琳琅满目的商品，但殊途同归，它们最终都会集中在各地区的配送站。为什么京东能如此成功地解决"最后一公里"的问题？这不是坐在电子屏幕前面，依靠几段数据算法就能实现的，京东物流的背后是实实在在的十几万乃至更多的快递员，在寒冬酷暑里走街串巷，挨家挨户亲自上门解决的。

根据京东集团2021年第一季度财报显示，京东拥有超37万人的员工团队，其中26万人均从事物流运输。为了打造这支吃苦耐劳的"战斗力量"，京东需要在后方投入大量的资产，仅2020年，京东物流为一线员工的支出就有261亿元。除去基本工资，末端配送在管理上也投入了较大的成本，快递员每天都在外面工作，能否微笑面对客户，能否用心服务好客户，都十分考验企业的内部管理能力。必须将末端的服务质量掌握在可控范围内，因为它最终会影响到企业的竞争力和物流所过之处的口碑。京东在建设团队时，十分重视员工的素质培养，从招聘到考核，都有一套明确的管理体系。

除了上门送货外，为满足消费者多样化的消费需求，京东同时也在尝试多元化发展。2012年起，京东开始与社区合作，建立便民自提点，作为上门送货的补充方案，有效改善了快递员与消费者的时间冲突；2013年京东开始推广智能自提柜，7×24小时的无间断工作丰富了消费者的选择，那些回家晚的人也能顺畅地接收快递，体现了京东物流的温度与质量。

在寻求城市配送解决方案时，乡村配送的"最后一公里"也得到了应有的重视。乡村配送的订单需求没有城市那么大，难点在于配送距离和基础设施。京东在调研过程中发现，一般的配送站与目的地之间的距离在10千米以内，但山路崎岖，受制于地形，一次配送可能要花费半天以上的时间，流通效率极低。针对这一问题，京东创新性地开展了一系列无人机送货的实验。货物在配送站完成分拣后由无人机连接站点与各村的乡村推广员，降低了人工成本，提升了配送效率。

第一章　京东创新法则1：回归基本逻辑

无人机送货实验的推出，也将京东智能物流实验室公布在公众的视野中。京东强调技术驱动，致力于为消费者创造更好的物流体验，除了无人机项目，仓储机器人、自动驾驶汽车等都被该实验室提上日程。时任京东集团副总裁樊军在2019年快递"最后一公里"峰会上明确提出："未来'最后一公里'的变革呈现运营自动化、决策智能化和服务个性化的特征。"在终端场景上京东已做到基于不同配送范围的多种末端分布式配送场景，如送货到家、快递柜、便民点、星配站、校园派、智配中心和前置仓等，服务于消费者的多样化需求。

京东重视"最后一公里"的解决方案，在他们看来，这是京东与客户直接接触的窗口，是电商服务品质的重要环节，物流呈现的方方面面将直接影响京东的整体形象。同时，随着无界零售时代的开启，线下渠道的重要性被进一步拔高，"最后一公里"也成为企业了解客户需求，建立综合服务的入口，未来电商争夺用户的战场，一定会围绕这一环节展开。

⊙ 211 限时达

只有自主配送才能更准确地掌握客户体验，也只有自主配送可以更好地服务客户。前文我们曾提到自营物流的特点之一就是电商企业拥有对物流环节的管控能力，可以根据电商需求布局自身物流体系。在刘强东眼中，物流速度是电商体系中至关重要的一环，它将直接决定消费者的购物体验，甚至是购物决策。因此在过去的十年里，我们能直观地感受到京东物流在"快"上的推陈出新。

2010年4月，在国内快递运输普遍需要一星期的时候，京东率先在全国44个城市开展"211限时达"的增值服务。所谓"211"即两个"11"，消费者只要是在当天上午11点前提交的订单，在当日都能完成配送；如果消费者是在夜晚11点前提交的订单，也能保证在次日下午3点以前完成配送。在此之前，京东物流端对员工的考核指标主要是投递数量，缺乏有效的时间管理体系，这导致货物在快递站点堆积，消费者迟迟不能拿到自己的产品，"211限时达"因此顺势而生。

要实现"211限时达"，最大的难点不在于配送，而在于配送站点的清查：如何在茫茫快件中，找到哪些是11点前提交的订单，好安排优先配送。在当时的物流管理体系中，这项需求得不到相应的技术支持，只能安排人手，在每天中午11点和晚上11点统一清查一次。在订单总量不变的情况下，工作量却翻了一倍，这无疑是在增加物流的成本。此外，如果夸下海口却得不到落实，会引来更多的投诉。因此在京东内部，"211限时达"并没有得到广泛的认同。

但刘强东认为，京东物流要想在鱼龙混杂的市场崛起，就必须拿出自己的核心竞争力，树立行业标杆，"211限时达"大有可为。一同推出的还有覆盖全国257座城市的"次日达"，只不过将配送时效拉长到了次日。正如刘强东所想，下单后的12或24小时内就能拿到产品，这对于当时的消费者来说是一种全新的购物体验，京东物流的名号也在市场传开，为京东商城吸引了大批用户。刘强东经常在10点58分时下单，就是为了从消费者角度检验"211限时达"的执行情况，而京东物流也总是能给他一份满意的答案。

"211限时达"让京东尝到了"快"的甜头，于是在2014年，京东再次压缩配送时间，推出一项个性化付费增值服务"极速达"。消费者只要在上午8点到晚上8点间，选择"极速达"服务，就能在下单后的3小时内收到货物，在与联想Thinkpad联合举办的一次活动中，最快实现了1小时55分钟的极速送达，创下物流行业纪录，也带动了整个电商物流行业的提速。

当速度的边际效益达到临界，3小时内的时间缩减已经不能明显刺激消费者的感官时，京东开始在"快"的基础上去附加更多个性化的物流服务。2016年，京东推出"京准达"，消费者可以依据个人需求，将收货时间具体到小时以内。不论是柴米油盐这类日常百货，还是果蔬生鲜，只要是京东自营商城中有的，都支持预约精准送货。2017年，"京准达"再次提速升级，预约收货时间不断突破，从2小时缩短到1小时再到30分钟，覆盖城市也越来越多，成为继"211限时达"后城市电商消费的标配，丰富了消费者的线上购物体验，也为行业树立了物流配送的新标杆。

当京东在配送时效创新上陷入瓶颈后，2017年京东再次针对高端市场，推出定制化配送服务"京尊达"。消费者在提交订单时勾选"京尊达"，就能将平日里在小区忙前忙后的红衣小哥，换为身着正装、手戴白手套的尊享使者。专人、专车、专线的顶级服务为最终的交付附加了别样的仪式感。

一系列配送附加服务升级的背后，是京东强大物流供应链的支持，随着配送末端的不断细分，以及大数据对用户历次收货时间的智能分析，快递小哥的配送路径得以优化，消费者一系列的个性化诉求才得以实现。

"一个不能解决行业痛点的产品或服务是没有商业价值的，是风口过后最先掉下来的那头猪。"正如刘强东在2018年的全员内部信中所说，不管是电商还是物流，不管是互联网还是传统行业，用户体验是始终值得企业去关注的内容。古今中外，任何一家伟大的企业之所以能通往成功，最核心的因素就在于他们提供了更好的用户体验。苹果如此，微软如此，京东亦要如此。现如今，超过一半的订单能在6小时内实现送达，92%的订单能在24小时之内完成配送，京东梯度式的增值服务，在速度与体验上打造了全球标杆，也让京东获得了数亿客户的信任。

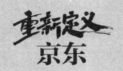

第二章

京东创新法则2：
竞争催生创造

创新本身是一种破坏力，无论成功与否都会对原有的秩序造成一定影响，因此许多企业会以规避风险的态度去拒绝创新。长此以往，缺乏创新动力的市场将是一潭死水，消费者利益受损也只是一个时间问题。因此，市场中需要竞争，竞争中催生创造。

管理学中有一个概念叫"鲇鱼效应"，是说渔民在运输沙丁鱼的过程中，为了保证存活率，会在装满沙丁鱼的池子中放入一条鲇鱼。鲇鱼在陌生的环境中会四处游走挣扎，沙丁鱼受到鲇鱼的冲击不得已拼命躲避游动，如此一来，沙丁鱼的存活问题就得到了解决。在组织管理中，为了提升企业内部活力，管理者往往会选择像"渔夫"一样，向平寂的鱼池中投放一只"鲇鱼"，让"鲇鱼"参与到"沙丁鱼"的竞争之中，而将死水盘活。

将组织范围放大到整个社会，鲇鱼效应依然适用。行业要想前进，就必须拥有创新的欲望，也就是求生的欲望，没有谁会相信躺在金山上的人会为明天努力——他可以一辈子这样高枕无忧。而只有真正面临生死存亡的威胁时，求生欲才能爆发，创新的引擎才会被点燃。

京东称得上是一位"搅局者"，在生存道路之上主动求战，挑选行业魁首作为对手，用实际行动去积极面对压力，让市场竞争的威胁成为自己快速成长的一支"兴奋剂"，并以一己之力推动行业不断探索创新。

第一节

挑选对手：超越前排玩家

2004年，京东入局电子商务时，还是一个一无所知的无名小卒，没技术，没经验，没渠道，有的只是那股敢拼敢闯的精气神。十年沧海桑田，京东没有坐以待毙，通过与新蛋、卓越、当当、国美、苏宁等行业领军企业交手竞争，京东找到了创新与发展的方向，其品牌影响力逐渐扩大，经营、产品架构也初具规模和优势。

⊙ 从入局到领跑

"刚刚过去的2013年很有意义，是京东的第一个10年。这10年只有一个字可以形容，那就是'牛'！在2004年的时候，我们什么都不是，我们对电子商务一无所知，但在之后的10年，我们却不断超越，实现了一个又一个里程碑。"在京东集团2014年的年会上，刘强东激动地向在场的每一位京东人诉说他的自豪，在这10年内，京东以竞争对手为创新方向，不断对标、不断超越，翻过了新蛋、卓越、当当等行业内曾经不可逾越的大山，完成了从入局到领跑的华丽蜕变。

2004年，京东商城正式上线之际，有人把京东比作"中国的新蛋"，京东也把新蛋设为自己前进的目标。新蛋是一家创立于2001年的美国B2C电商网站，以3C领域的DIY电脑配件为经营方向，主攻"电脑极客"的市场。因为创始人张法俊是华裔美国人，所以新蛋在诞生之初，就成立中国新蛋，在平静的中国电商市场伺机而动。

从2001年到2004年的短短四年时间内，凭借雄厚的资本和过硬的技术支持，新蛋一路突进：年销售额突破十亿美元，净利润也有千万美元；长期优化积累的信息系统作为后台保障，也是旁人无法复制的竞争优势。而中国新蛋也以6000万元的年销售额在中国3C市场独占一方，许多中国用户购买3C产品，首先想到的就是新蛋。背靠美国母公司强大的供应链和全球采购体系，许多线下都买不到的产品，在新蛋上应有尽有。

京东的大本营建在北京，主要受众也集中在当地，外省的顾客订单并没有太多；而总部位于上海的新蛋，却能将触手伸向全国各地，其中就包括了京东所在的北京。既然京东选择了3C电商市场，势必要与新蛋这个"洋巨人"一决高下。

京东的当务之急是在新蛋完全侵占市场前，快速扩张规模，而他的第一个目标就是上海。选择上海不只是针对新蛋的意气用事，而是为攻占市场所作出的战略布局。上海经济发达，社会对新鲜事物的接受度高，电商业务发展快。当时，全国3C电商的一半销售份额都集中在上海，京东若想向全国扩张，上海是无法绕过的必争之地。

彼时京东还没有什么名气，在提出要在上海建立仓库后，并没有得到地方政府的重视。这不难理解，上海已经有新蛋这样的国际公司了，京东对于当地发展来说并没有那么重要。但有些路必须要走，在中关村摸爬滚打多年的刘强东明白，在绝对的价格优势面前，消费者会自己作出选择。经过计算，如果能将毛利率维持在5%左右，京东就能以微弱的盈利经营下去。为把价格压到最低，京东彻底放弃线下渠道，关闭了所有的店铺，也拒绝任何宣发营销，把所有的成本都集中在售价上，尽可能地让利于消费者。

　　一场悄无声息的价格战就在新蛋与京东之间打响了。一款在新蛋标价为60元的摄像头，京东就以59元出售，当新蛋降价到58元时，京东已经把标价改到了57元。此时京东规模尚小，决策链短，能不能降价可能只是刘强东的一句话；新蛋决策链长，层层请示，层层批复，等价格降下来后又被京东轻易反超，一来二去，消费者早已在京东上完成了订单。不仅如此，京东有时还以低于成本价的价格和新蛋较劲。新蛋的销量要大大高于京东，这意味着如果双方都赔本赚销量，新蛋的损失也要高于京东。凭借价格战，短短半年京东就从新蛋手中抢过来接近30%的上海市场。

　　即便如此，新蛋在市场上还是有着绝对的优势，相关网络论坛的普遍观点是："如果是白领想拥有更好体验就去新蛋，如果是学生追求更低的价格就去京东。"真正让双方发生地位互换的还是新蛋母公司的不重视。发轫于美国市场的新蛋，虽然建立了中国业务部，但他始终是把美国当作主要的战场，资源、精兵都集中在国外，因此中国新蛋面对京东的扩张，反而选择了避而不战等相对保守的策略。尤其是2008年新蛋为保证美国市场的上市，声称要比京东价格永远低4%的战略也不了了之。正是这一年，京东完成了对中国新蛋的反超。

2009年第一季度，艾瑞咨询给出的中国B2C电商企业排名中，京东第三，新蛋第四。这个曾经的巨人已不值得被当作对手，京东接下来需要把目光看向排名前面：第一的当当和第二的卓越亚马逊。

新蛋从神坛跌落后，可以说京东已经在3C领域掌握了绝对的市场话语权，要再做大做强，全品类的扩充必不可少。2010年，线上图书的销售额不超过60亿元，本就不大的市场早已被当当和卓越亚马逊两位排在前面的电商"大哥"占据；图书产品的特性，直接导致该品类无法给京东带来显著的利润或者销售额；母婴、百货、服装等其他电商品类都缺乏一个像京东之于3C的垂直领域强势企业。综合来看，短时间之内很难与当当、卓越亚马逊两个强者产生正面冲突，避其锋芒侧翼切入也许是常理下京东应当作出的选择。可如果从一开始的目标就是要做到领域内的第一，为什么不早点和前排玩家交手，在竞争的过程中创新并实现自身成长？

2010年，刘强东在董事会上提出了进军图书品类的战略想法，这种有违常理的决定自然遭到了企业其他高层的反对，一个刚刚在自己领域站稳脚跟的人，为什么要得不偿失地去攻占一个被垄断的寡头市场？刘强东给出的解释是：首先，如果不进入图书市场，消费者购买图书的需求就无法满足；其次，图书产品标准化程度高，消费者从搜索到下单整个过程的耗时低于其他产品；再次，为购买图书注册京东会员的用户，之后也会在京东产生其他品类的消费行为。但是这依然不能掩盖刘强东直指当当与卓越亚马逊的意图，在一片反对声中，2010年11月1日京东图书如期上线。

刚上线的时候，包括京东用户在内的很多人不知道京东商城有图书板块，单品类流量小。此时刘强东作出了一个近乎疯狂的决定——免费送书，这是任何一家电商企业都完全不敢想的。

京东送书不是针对所有人，而是作为对忠实用户的一种福利回馈，图书部门挑选了几本有价值的畅销书，给年消费额达到3万元以上的用户各送一本书。效果立竿见影，既增加了用户品牌忠实度，又做到了图书品类的流量增长。受此启发，京东在原有的会员体系上为图书开发新系统，平台铜牌会员可以在购买图书时享受额外的折扣，为了应对当当上市带来的冲击，该系统只用了两天两夜便成功上线，有效推动了京东图书品类在市场的知名度。

2011年初，京东单日图书订单量不超过5000单，而当当的业绩是12万～14万单。即便如此京东还是毅然决然地吹响了进攻的号角。当当创始人李国庆也是性情中人，此时当当刚刚完成在美国上市，准备向全品类扩张，便在3C和图书两个领域同时与京东打起了价格战。双方你来我往，各有输赢，卓越亚马逊也加入其中，三分混战搅乱了图书原有的价格体系。

没有哪一方能称得上是赢家，但京东还是在图书品类的扩张中，吸引到了更多新用户的加入。图书品类极大地降低了新用户在京东消费的门槛，也让当当、亚马逊等老牌电商的客户群注意到了京东的存在，很好地起到了引流效果。

2012年，京东图书已初具规模，继续价格战已没有任何意义。京东把经营策略从低价转至用户体验，图书品类在完成公司毛利指标的情况下保持价格最优即可。到2014年，京东超越亚马逊中国，成为仅次于当当的第二大图书零售电商。

⊙ 较量：洗牌大市场

苏宁和国美是中国线下大型连锁卖场的先行者。1999年，国美在坐拥几家北京连锁店的基础上，开始向省外市场扩张，在京、津、沪三地设立门店，这是国美全国连锁网络的雏形。同年，苏宁放弃原本的批发生意，在南京开设当时中国单店营业面积最大的综合电器店，并于次年明确了全国连锁经营的战略方向，决定以零售连锁网络方式打造起市场竞争的优势。此后，两家企业全力推行全国化扩张，零售连锁网络的建设进入高峰期。

2004年，国美率先嗅到电子商务发展的契机，开通网上商城，为消费者提供线上服务。苏宁闻讯也向线上进军，在全国多地设立站点，与连锁店共享物流与售后，很好地做到了线上线下的紧密结合。

在扩张的过程中，两家企业摩擦不断，火药味也越来越浓。互相视为劲敌的苏宁、国美始终把线下连锁店当作未来竞争的主战场，"线上物流网"不过是主营业务下的附加价值。尤其是2005年底，国美新街口旗舰店的开业，一个商圈内，不到200米的间隔，汇集了苏宁总部、苏宁新街口店、国美旗舰店，还有与之相邻的国美五星新街口店、国美永乐店。面对面的贴身"肉搏"，曾创下门店单日5000万元销售额的纪录，这更是让双方无暇打理自己的线上生意。此时没人意识到，队伍末端的京东正在他们看不到的线上疯狂生长。

与当当的图书战争没有为京东带来显著的毛利率增长，但经此一役铺平了京东全品类的道路。此时，京东需要的是一个能为企业带来更高利润的品类——大家电。图书即使能达到10%的毛利率，1本售价30元的书也不过能盈利3元，而动辄上千元的大家电，即便只有5%的毛利率，也能赚到百十元钱甚至更多。从市场来看，3C品类一年的市场份额不过几十亿元，大家电则能长期维持在五六百亿元的规模上。以京东当时每年150%的增长速度来看，用不了多久京东也会加入苏宁与国美之间的零售战争，与其被迫等待不如主动出击。

一招鲜，吃遍天。京东发展至今可以屡战屡胜，离不开在价格战上的丰富经验。价格是消费者最关心的事，也是企业最难作出割舍的事，在价格上作文章，极具杀伤力。2012年，刘强东在电子商务的会议上说道："在目前的行业状况下，价格战必须打，一天不打价格战就会死。京东的价格战才打了不到10年，而沃尔玛打价格战打了60年，沃尔玛的每一个店长一旦知道竞争对手价格下降了，他们也会跟着下调价格。一个500强的佼佼者都这样做了，京东没有理由不这样做。"线上物流与线下连锁的"战争"一触即发，B2C零售市场即将迎来一次洗牌。

2012年8月15日，在苏宁筹备其电商平台"苏宁易购"三周年店庆促销时，刘强东高调地在个人社交平台上宣布："京东大家电三年内零毛利！如果三年内，任何采销人员在大家电加上哪怕一元的毛利，都将立即遭到辞退！从今天起，京东所有大家电保证比国美、苏宁连锁店便宜至少10%以上。"字字铿锵，短短数字挑起了线上与线下零售市场之间的"战争"。

国美和苏宁作为家电领域的老牌零售巨头，都极力降低消费者的综合购买成本，以超低价吸引消费群体，从众多竞争对手中脱颖而出，尤其是国美早期在天津市场发展，甚至曾被扣上"搞低价倾销"的帽子。京东在价格上的挑衅成功激起了对方的不满，国美、苏宁的高层随即在新浪微博上作出回应，表示愿意奉陪到底。一天二三十条新浪微博，几方在社交平台上一言一语打口水仗的同时，一场足以被记入电商历史的价格大战拉开了序幕。

对于所有零售公司来说，"用最低的成本换最高的效率"是行业必然的生存法则，所以价格主要围绕成本与效率展开。虽然京东的体量远不及国美与苏宁，但凭借线上经营的低成本和自建物流的高周转效率，京东就可在竞争中高枕无忧。

价格战的核心是成本比拼，它将直接决定谁能在这场"战争"中拔得头筹。就进货渠道来看，国美、苏宁凭借着几年间夯实的线下连锁规模，使得它们在家电产品的采购上有着3%～5%的成本优势，这意味着一台在京东标价4000元的电视机，苏宁、国美有实力把价格压到3800元。渠道层面的差异导致了京东在这场价格战中天然的劣势，但决定产品售价的元素除了进货成本外，更要考虑从厂家到消费者的全流程综合成本。

京东绝非莽夫，没有绝对的把握也不会主动出击。在价格战打响前，刘强东曾算过一笔账，将京东在成本控制上的优势尽数罗列：首先，连锁卖场均围绕线下门店展开，而京东作为线上商城，不仅可以省下每年高额的店面租金，而且相应的装修、水电、展示品折旧，包括庞大的销售导购人员成本也能一并减去；其次，不管是线下还是线上，任何零售都需要仓库和配送，京东在物流领域的长期耕耘，保证了其在这一部分的成本控制。所以综合来看，京东能将成本控制在比国美、苏宁低15个点的水平，把更多的优惠让利给消费者。

在效率方面，零售企业供应链的核心就是库存周转率，也就是每批货物需要花多长时间才能拿到回款，这对于现金流的利用至关重要。表面上这场价格战是成本的竞争，但从更深一层角度来说这还是一场现金流的竞争。

现金在商业中犹如人体内的血液，流动速度越快，人体的活力也越高。京东自转型电商后，实际上一直处于以资金换规模状态，自建物流、全品类扩张一系列看似亏损的操作，却实现了京东现金流的持续扩大。假如一家企业的现金流是100亿元，就算每年亏损1亿元，企业也能安稳运作百年时间，只要保持经营，企业就存在盈利的可能。

京东在物流系统的支持下，库存周转率展现出绝对优势。在京东，库存周转天数可以被缩短至30天左右，而同时期的国美和苏宁往往需要两倍于京东的时间，平均账期更是延长至百天以后。

第 二 章　京 东 创 新 法 则 2：竞 争 催 生 创 造

"三年内零毛利"，京东的确有底气说出这句话。大军压境，国美的地位被愈发威胁，为在这场价格战中扳回一城，其积极与供货方沟通，怂恿品牌商停止给京东供货。如果京东无法直接从品牌商手中拿货，就必须寻求更低级的代理商，采购成本被进一步拉大，价格战也不攻自破。这一招得到了苏宁的支持，两大零售巨头共同施压，京东一度陷入窘境。可市场上拥有绝对话语权的并非供方，京东的低价战术为其聚集了大量终端客户，面对接踵而至的订单，品牌商也不会放任不管，这次供货端的"封杀"没有持续多久便不了了之。

这场大战双方难舍难分，竞争异常激烈，没有哪一方能轻松度过。零售巨头间的正面交锋，让所有相关方都感受到了市场上潜在的森森寒气。京东没有大获全胜，也没有一败涂地。但从长远的角度看，这场价格战持续时间长，波及范围广，得到了社会媒体的广泛关注，第一次将线上与线下的零售差异，清晰地展现在消费者眼前。自此之后，以京东为代表的 B2C 线上电商快速崛起，销售额也逐年增长。

第二节
攻守阿里：多维度的竞争

攘外必先安内。在完成线下线上的洗牌后，京东跃升为全国排名前列的电商企业，需要越过的下一座大山就是阿里巴巴。京东的规模在长期的市场战斗中越做越大，早期的企业管理模式已经不能完全适用于新时期，因此在与阿里巴巴的竞争中，京东先集中力量在内部管理，提升组织的整体效率。在一切准备就绪以后，从服装领域和生鲜领域两大方面展开了与阿里巴巴的激烈角逐。

⊙ 从服装行业撕开突破口

与苏宁、国美的价格之战，奠定了京东在电商领域毋庸置疑的地位，但只要谈及电商，就无法绕过马云建立的阿里帝国。虽然B2C和C2C是两种截然不同的经营模式，但两家企业争夺的对象都是C端市场，业务上的重合让双方被外界归为"死敌"，媒体在采访刘强东时也十分喜欢用"京东有没有可能超过阿里巴巴？""京东什么时候能超过阿里巴巴？"作为问题。向来张狂的刘强东也只是在接受《创业家》杂志采访时保守地说道："互联网所有细分行业，未来谁能胜出，用户体验说了算。我们用户体验比阿里巴巴强，超过阿里巴巴应该差不多。"

阿里巴巴旗下的淘宝网，在2005年以80亿元的年成交额战胜易趣、雅虎、沃尔玛后，就占据着中国电商龙头老大的宝座，近千万的日活量，创造了互联网产品奇迹。而支付宝作为电子商务中不可替代的支付工具，控制着整个电商的命脉，据易观国际研究显示，2010年中国第三方支付市场全年交易额达到11324亿美元，支付宝就占据半壁江山，包括京东在内的众多电商平台，都依靠支付宝完成线上交易。面对如此强大的对手，企业多避而远之，生怕得罪阿里巴巴而被切断支付渠道，但京东却不想再受制于人。2011年，刘强东主动联系阿里巴巴，希望能降低交易费率，在得到否定的答复后，京东毅然决然地发布公告，宣布放弃支付宝，转而与银联合作建立其他支付渠道。

表面上是双方价格没有谈拢所引发的矛盾，实际上对于京东而言，对支付宝的忌惮早已有之，如果所有的交易都在支付宝上完成，这意味着京东商城的交易总量、优势交易品类、交易峰谷等商业机密，都会一览无余地呈现在阿里巴巴眼前，作为淘宝针对京东布局的重要依据。此次公然撕破脸皮，标志着京东与阿里巴巴的"战争"正式打响。

与阿里巴巴相比，京东在服务上有过之而无不及，但在品类上却存在B2C的明显劣势。坚持自营为京东在3C领域赢得了顾客的芳心，但面对以服装为代表的非标准化品类，自营的劣势同样暴露得一览无余：服装类产品品牌集中度低，SKU数量庞大，并且受季节影响大，容易产生仓库积压，占用企业大量资源。所以很长一段时间内，京东商城并没有引进服装品类。

但衣食住行是人类社会生活的基本需求，在电商全面发展后爆发出的需求量将远高于3C品类。为了弥补服装行业的缺口，2010年初，京东借机并购主攻时尚百货的千寻网，并于次年正式上线。千寻网成熟的供应链体系和信息系统，与京东商城形成优势互补，脱离了自营的束缚，新版千寻网上男装、女装、内衣、鞋帽应有尽有，SKU种类高达20万种，足以满足消费者的服装需求。2012年初，京东再次并购海外时尚网站"迷你挑"，这家上线不足半年的B2C服饰电商，主打日系潮流，产品紧贴时尚前沿，可以进一步弥补京东在服装行业的缺口。

从商业版图来看，京东做到了全品类的覆盖，但从消费者的视角，京东现在的"全品类"并不是他们所期待的全品类。消费者需要的是在京东商城上的一站式快捷购物，而非在京东商城上消费后，再为某单一品类打开其他平台，这种平台间来回切换不符合正常消费者的使用习惯，也容易在切换过程中产生用户流失，京东陷入了发展的瓶颈。

在京东并购外部网站扩充自身经营品类的同时，它还在私下做着IM即时通信工具"咚咚"的研发，它的作用是为消费者与第三方商家提供交流的渠道，类似于旺旺和淘宝的关系。京东此举可谓"司马昭之心"，开放平台引入第三方企业的战略呼之欲出。没有谁规定京东一定是B2C的模式，就像淘宝在C2C的基础上，开设了天猫商城这样的B2C平台一样。

B2C在仓储上一定存在天花板，为了服饰一个品类自建团队，不仅发展滞后，而且从经营成本来说得不偿失。不如借助京东长期积累的客户群体和建立的服务体系，开放平台给第三方，通过物流、仓储等附加服务赚钱。这种"轻资产、深互联网"的模式，是对京东平台生态的重要补充。此次转型是京东的高明之举，因为对消费者来说，在能得到平台保证购物体验的前提下，发货方是大型品牌商B，还是中小供货商C，二者之间并无差别。在2011年的年终战略会上，刘强东明确了未来京东的两大战略重点，其中之一就是

POP 开放平台。通过 POP 为京东商城引入第三方卖家，开通品牌直销频道，快速拓宽品类做大平台规模。

在平台经营上，阿里巴巴显然有着更丰富的经验，自营的基因也让京东不可能在平台运营上战胜淘宝，差异化至关重要。

电商平台存在典型的"马太效应"，即一方用户的选择会影响另一方用户的期望收益，而随着期望收益的增加，选择的用户数量也会增多，长此以往就会产生"强者恒强，弱者恒弱"的两极分化局面。淘宝经历了长时间的发展，已经积累了充足的卖家，要想在异常激烈的市场脱颖而出，必须依靠淘宝作为流量入口为店铺引流。整个电商流程十分简单：进货—运营推广—产生消费—进货，循环反复。随着店铺越做越大，运营推广的成本也会越来越高，如果不能支撑每日的产品引流推广，店铺的发展就会受到严重的限制。淘宝作为中心化的流量入口，官方明码标价提供的推广服务就有很多，但价格并不亲民，店铺为了节约成本，只好选择刷单等违规行为。一个正常售价的服装，店铺为了挤出更多的费用到推广上，只好在其他环节压缩成本，包括原材料上以次充好，这导致淘宝在产品品质上，无法给予消费者绝对的保障。

与淘宝不同的是，京东即便开放平台给第三方卖家，也有严格的审核机制，只有品牌商和经销商才能入驻京东，个人卖家甚至没有资格入驻 POP 平台，这就从货源上保证了京东新上线的产品均来自正规渠道。为了维护京东"行货正品"的口碑，京东还组建了专门的团队，定期抽查第三方卖家，若消费者举报属实，有关管理人员一年以内不得升职加薪，若多次出现，还存在被开除的可能。

在盈利方面，京东为维护积极正向的平台生态，将盈利点着重放在了配套服务上。客户遇到问题时还是直接联系京东客服，产品配送也由京东物流保驾护航，而推广流量只有不到4%。之所以这样分配是因为京东希望商家把精力投入在产品上，其他服务都可以外包给京东这样更专业的平台去做。

2010年京东的SKU不过10万，在开放平台后的短短两年时间里，这个数额已增长到239万。在此之前，在京东消费的以男性居多，而开放平台后，尤其是2012年将"品牌直销"更名为"服装城"，大量时尚服饰商家涌入，女性注册用户显著上升。

有了POP之后，京东也没有完全放弃自营平台的开发，刘强东直言："自营和POP平台对京东商城至关重要，且缺一不可，谁也不能替代谁，所有标准化产品自营一定能胜出，但非标准产品POP平台会胜出。"

⊙ 后发抢"鲜"

生鲜，即未经加工制作的食用农产品总称，包括生活中常见的果蔬肉蛋，是日常生活中消费频率最高的一种品类。高频吃低频是互联网的生存法则，谁能拿下生鲜品类，谁就能掌握用户。因此，京东与阿里巴巴的"生鲜之战"，是双方在O2O布局下的重要缩影。

2011年，电子商务迎来了行业的拐点，一轮又一轮的高额融资不断涌入，兴起的垂直企业与日俱增，线上交易在社会零售总额中的占比持续增大。据中华人民共和国商务部发布的《中国电子商务报告（2016）》显示，2016年中国电子商务交易额为26.1万亿元人民币（下同），同比增长19.8%，相比2012～2016年，中国电子商务交易额复合增长34%；全国网上零售交易额为5.16万亿元，同比增长26.2%，其中B2B和C2C交易额分别为2.82万亿元和2.34万亿元；同时，中国网络零售市场的国际影响力不断增强，交易额约占全球电子商务零售市场的39.2%，连续多年成为全球规模最大的网络零售市场。❶ 与电商的蓬勃发展相对应的是传统零售行业的日渐式微，运营成本、时效性、空间性等因素制约着传统零售的扩张。当电商增长放缓之际，互联网思维开始赋能线下零售，线上线下结合的O2O模式开始兴起，知名电商企业纷纷试水线下，一个全新纪元正在开始。

2015年4月，被寄予厚望的O2O生活服务平台"京东到家"正式上线。但在实际经营中，京东到家表现出的市场活跃度显得不尽如人意。配送慢、服务差等评价扑面而来，饿了么、美团等外卖平台的兴起，也抢占了京东到家原本的订单，在与众包物流平台"达达"合并后，京东到家一度处于被剥离的边缘。

京东在O2O领域的初次尝试未果，给阿里巴巴留下充足的机会，

---

❶ 中华人民共和国商务部. 中国电子商务报告 2016[R/OL]. （2017-06-14）. http://dzsws.mofcom.gov.cn/article/dzsw/tjjc/201706/20170602591881.shtml.

旗下的盒马鲜生从2017年起，以强者的姿态四处发力，啃下了生鲜这块传统零售中最难啃的"骨头"。与京东到家不同的是，盒马鲜生采用线下门店和线上平台一体化运营的模式，以生鲜为切入点，打造全场景的一站式消费。后台系统可以统筹管理仓储、拣货、合单、配送，利用大数据给出最优解，从而实现配送耗时的最小化。同时盒马鲜生还在生鲜之余，融入餐饮行业，为消费者提供加工服务，新颖的模式一经推出，便引起了消费者的广泛关注。

尴尬的是，作为阿里巴巴旗下最早打通线上与线下的明星项目，盒马鲜生的创始人侯毅却来自京东。早在2013年设计京东到家时，侯毅作为O2O事业部负责人，就提出建立类似盒马鲜生的重资产模式。但与拥有50%毛利率的阿里巴巴不同，京东B2C自营的商业模式只能收获极低的毛利率，长期的低收益或负收益让京东各个事业部十分看重项目的损益情况，所以高投入且回报周期长的重资产O2O没有在京东内部得到认可，而阿里巴巴抛出"不计成本投入"的橄榄枝，的确十分具有吸引力，"我方"大将就这样被纳入对方麾下，此消彼长，京东一度陷入劣势。

时不我待，此时的生鲜市场早已不是那片蕴藏着无限遐想的蓝海，大而全的生鲜电商比肩接踵，消费者对生鲜电商的接受程度日益提高。根据《2018年中国生鲜电商行业消费洞察报告》数据显示，2017年中国生鲜电商市场的交易规模约为1391.3亿元，平均年增长率维持在50%以上。京东已经输在了起跑线上，但面对巨大的市场潜力，京东选择三马齐驱，利用自身优势奋起直追。

第二章　京东创新法则 2：竞争催生创造

名称	模式	品类	采购	物流配送
京东生鲜	B2C自营	生鲜农产品，冷冻素食等	产地直供+品牌供应商	京东冷链（次日达）
京东到家	O2O平台	生鲜农产品，休闲食品，医药健康等	加盟商	新达达（一小时达）
7 Fresh	创新模式：线上线下；前店后仓；超市+餐饮	生鲜农产品，休闲食品，个性化餐饮	新达达（覆盖范围30分钟内）	新达达（覆盖范围30分钟内）

2016年，京东成立生鲜事业部，着手冷链物流，开启生鲜品类的B2C自营模式。

这种模式的流程是采购商品存于库中，待消费者下达订单后仓库出货，通过物流干线运输，到区域配送点分拣、配送。由于生鲜品类的强时效性和源头的非标准性，行业一直在仓配环节难以取得突破。京东作为物流行业的佼佼者，生鲜物流自不落窠臼，势必要将"鲜"送达。

2016年京东生鲜创新性地提出协同仓模式，即把物流仓库建设在农户家中，实现原产地直发。前置仓库在京东大数据的加持下，可以根据可能存在的需求定向定量地进行预售和备货，避免了仓库积压导致的浪费。而这种零库存的模式也能在降低成本的同时，保障终端不断货。2016年协同仓被应用到阳澄湖大闸蟹中，产地直发，使得大闸蟹以最快的速度完成送达，快速便捷的配送承包了当季大闸蟹50%的销量。仓储之外，京东生鲜还在原产地建设快检实验室，对常见的80余项非法添加剂进行检测，从源头解决食品安全问题。中国市场信息调查业协会发布的《2020线上生鲜行业报告》显示，京东生鲜以25.8%的线上市场占有率稳居第一。

从哪里跌倒，就在哪里爬起来，京东也没有完全放弃京东到家。2017年，京东到家重整旗鼓，一改之前"跑腿代购"的商业形象，发布"零售赋能"的未来战略，通过流量赋能、效率赋能、用户运营赋能等，以自身技术力，为传统零售行业提供数字化升级解决方案。

受到类似盒马鲜生、每日优鲜等一体化商超冲击，我国传统零售市场开始展露颓势，行业急需数字化转型升级来跟进时代发展。2017年3月，京东到家宣布与欧尚合作，通过自身互联网技术，为欧尚在拣货、库存、配送等环节提供服务支持，扩充消费场景，实现传统商超线下向线上的升级转型。

沃尔玛作为与京东到家合作最为密切的企业，借助京东到家的技术赋能，在精细化运营上取得了长足进步。双方联合推出的VIP增值服务，是沃尔玛推行用户数字化的重要一步，通过建立VIP这样差异化的用户体系，轻松识别并精细化运营高价值顾客，实现私域流量的积累。根据沃尔玛公开数据显示，VIP下单转化率高出普通用户50%，未来双方还将以精细化为抓手，探索零售新渠道。

京东到家的高速发展，实现了快消领域的破圈。除生鲜外，联合利华、屈臣氏、VIVO均与京东到家展开深度合作。

第二章　京东创新法则 2：竞争催生创造

截至2020年底，京东到家已覆盖全国1400个市区县，第三季度低线城市GMV同比增长达到150%，服务商家也从永辉一家发展到全国2200个大中型连锁商超。根据艾瑞咨询的数据显示，2020年底京东到家以25%的市场份额，荣登中国本土零售商超O2O平台第一宝座。

见识了盒马鲜生的好，京东在懊悔之余也不愿就此放弃。2018年1月，在盒马鲜生第一家线下门店开业两年后，京东旗下同类型的7 Fresh才在北京开业。

作为对标盒马鲜生的项目，7 Fresh也是一家线上线下相结合的全新零售商超。不同点在于，京东将对高质量服务一贯的追求也融入7 Fresh之中。7 Fresh的单个店面比盒马鲜生更大，可以为消费者提供更丰富的线下购物体验：在餐饮上不只是对生鲜的简单加工，7 Fresh邀请到了行业中的优秀厨师来烹饪食材，并提供独立的就餐区，加强餐饮的沉浸感；购物之余提供京东自研的"黑科技"，比如能清楚显示产品品种、甜度、营养成分以及产地的魔镜系统，可以自动跟随、为消费者排队的智能购物车。

在规模上京东也并不急于求成，在北京开业两家店后，7 Fresh转而进入修炼内功阶段，不断优化运营流程、完善商业模式，直到半年后才在部分城市小范围扩张。现在道路被打通，7 Fresh也准备进入快速扩张阶段，按照7 Fresh总裁王笑松的说法，未来3～5年内有望在全国铺设超过1000家门店。彼时京东在三驾马车的驱动下，将在生鲜领域与阿里巴巴有一战之力。

第三节

下沉拼购：零售核心力的思考

京东和拼多多争夺的是下沉市场。2015年横空出世的拼多多以拼购的形式，为市场提供了撬动下沉市场的新方案。这与长期依靠供应链和物流获取三、四线城市的京东有极大不同，从而产生竞争关系。

⊙ 被撬动的下沉市场

电子商务在中国这片沃土上生长发育二十余载，已然成为社会经济增长的另一条跑道，它不仅创造出了全新的规模化产业，还为实体经济的与时俱进提供了驱动力。2020年，我国网上零售额为11.76万亿元，占社会消费品零售总额的24.9%，网购用户规模达7.82亿，连续七年成为全球规模最大、最具活力的网络零售市场。❶

在高质量发展的背后，也要正视其中存在的问题。中国在传统农业向现代工业过渡的进程中，由于资源配置不同，导致城乡发展速度迥异，形成了壁垒分明的城乡二元结构。2020年全国居民人均

---

❶ 商务部电子商务和信息化司. 中国电子商务报告（2020）. 北京：中国商务出版社.

可支配收入达 32189 元，其中上海更是突破 7 万元达到了 72232 元，但 2020 年我国居民人均可支配收入中位数只有 27540 元❶，平均到每个月则是 2295 元。要明白的一点是，包括北上广深在内的一、二线城市只是个例，二线以下城市、县镇与乡村地区才是我国人口数量最多的地区。即便有大批人口流入一、二线城市，非一、二线城市人口数量依然占全国人口的 70% 左右，他们是中国人口基数最广大的人群，也是在商业中常被忽视的群体。

自 2016 年起，中国电子商务增速放缓，在城乡经济的二元结构下，一、二线城市的消费市场已趋于饱和，活跃用户增长乏力，三、四线城市的潜力却有待发掘。而随着经济发展的加速，大城市的生活成本不断上升，部分曾在大都市工作的年轻人主动选择回到低线的家乡定居，他们已习惯了互联网赋能后的新型生活方式，这些需求也拉动了消费结构的持续升级。在国家的电子商务"十三五"发展规划中，更是明确提出要充分发挥互联网的作用，大力开展电子商务精准扶贫，推进电商与传统产业的融合，完善电商便民服务体系。

下沉市场，成为电子商务新的价值高地，众多资本也纷纷涌入，其中拼多多无疑是近年来电商企业中最大的黑马。自 2015 年 9 月上线后，仅用了不到三年时间便在纳斯达克上市，实力水平足以与京东、淘宝这些传统电商巨头分庭抗礼。

---

❶ 李金磊. 2020 年全国居民人均可支配收入中位数 27540 元.（2021-01-18）. https://baijiahao.baidu.com/s?id=16891903085206050973&wfr=spider&for=pc.

谈及拼多多的核心竞争力，拼多多创始人黄峥曾在接受采访时回答道："我们的核心是五环内的人理解不了。"黄峥口中的"五环"实际上是一个宽泛的界定，以其为界线，把消费者划分为一、二线城市市场和三、四线城市及农村市场，后者则是拼多多的目标人群。这个群体中，许多人是跳过了PC互联网时代，直接成为移动互联网用户的。他们受制于经济发展水平，对"品牌""名牌"没有明显的执念，价格在消费决策中占有重要地位。据腾讯在2018年发布的《拼多多用户研究报告》显示，大约有60%的拼多多用户更愿意追求折扣而非产品性能，拼多多13.7%的用户来自主要以线下购物为主的人群，这些用户中包括从未进行过网购的人。而且虽然下沉市场人口基数庞大，但因为分散在全国各地，固定区域内常表现为熟人社会。在他们的认知中，生活半径范围内的任何一人的意见，远比产品品牌、明星代言和网红推荐更加靠谱和可信。

针对这种心理，拼多多选择以"拼团"的售卖形式，用低价刺激着电商在下沉市场的生根发芽。拼团的模式很简单：由商家开起团购，用户在购买商品时发起拼团，通过以微信为代表的社交平台将拼团信息分享到关系网中，邀请对方参团，一旦参团人数达到商家开团时设定的人数，用户就能以更低的价格购买到所需的商品。通俗来看就是散户通过商家集合，再形成规模后以批发的价格大量拿货。

这并不是一个新鲜的概念，2008年就有国外企业Groupon公司提供团购服务。受 Groupon 模式启发，从 2010 年开始，国内相继涌现出许多采取团购模式的平台，从"满座网"到"美团网"，从"拉手网"到"糯米网"，一时间上演出千团大战的局面。但彼时团购的主要赛道还是走在互联网前沿的一、二线城市，他们对价格的敏感度并不高，也更爱惜自己在社交网络上的羽翼。这次团购浪潮来得快去得也快，仅仅一年时间就在市场上销声匿迹，只有个别企业还至今活跃在我们的视野之中。

拼多多在市场下沉之际，再次打出"拼购"牌，化被动为主动，拉近了用户与商品间的距离。对于消费者来说，只需通过简单的链接分享，就能收获实实在在的降价优惠；对于商家而言，又能在短时间内将无数零散的需求汇集为成批量的大订单，之间降低了商家推广成本与运输成本；平台也在过程中，依靠社交关系网络的裂变式扩散，收获了足够的市场与流量。

拼购模式在下沉市场的优异表现得到了业界的肯定，下沉市场被撬起一块缺口后，其他电商平台的拼团产品争相登场，如阿里巴巴旗下的"淘宝特价版"，苏宁旗下的"乐拼购"，网易严选旗下的"严选一起拼"等。

逆水行舟，不进则退。当拼购成为电商平台的标配时，谁如果不能及时跟进就会断开与市场的连接。但在下沉市场扎堆出现的拼购，让该模式原本的价格优势被磨平，而拼团玩法带来的社交裂变，也在用户中开始变得麻木。

⊙（C2M）不改核心，"拼购"只是形式

2018年初，京东也适时地在京东商城内推出了"京东拼购"版块，并在一年多的测试后更名为"京喜"，以独立产品的身份正式与消费者见面。从表面上看，京喜的核心业务仍然是下沉市场中的拼购，但实际上拼购仅仅是外在形式，在其他平台以"流量思维""搜索思维"争抢用户时，承载着京东核心竞争力的京喜早已划分出自己的目标受众。

商业是一个创造价值、传递价值、收获价值的闭环逻辑，而产品从上游原材料到下游消费者手中交付，整个价值过程都离不开供应链，可以说是供应链将电子商务的价值活动纳入一个有序的系统之中。京东在物流领域的长期耕耘，使得它早已不是一家传统意义上的电商零售企业，不论是供应链解决方案还是自动化智慧物流，技术的绝对领先为京喜在下沉市场的开疆拓土提供了强而有力的支持——这就是京东的核心竞争力。以"货"为链接，从供应链着手，一个服务于下沉市场的全新供应链体系正在建成。

在下沉市场快速渗透，实现业务的稳定增量，是京东赋予京喜的重要使命。但京喜上线初期，并没有急于把触角伸到消费端，去争抢用户裂变带来的巨大流量，反而从供应源头出发，开启C2M（customer to manufacturer）个性定制服务来招揽商户入驻。

所谓C2M，是互联网时代下一种全新的商业模式，核心是用户直连制造厂商，让生产厂家根据用户需求生产、供货。京东从中关

村摆摊起就拒绝分销模式，后自建物流、设立前置仓等一系列措施，都是为了尽可能地减少中间环节，缩短厂家与消费者之间的距离，腾出更多的价值给消费者。在信息透明化、去中心化的今天，消费者比价越来越容易，甚至有专门的软件、App 提供比价服务，下沉市场的价格战可谓"差之毫厘，失之千里"。除了亏本补贴这类不可持久恶意竞争，更多是要发挥企业优势，协助商家降低成本，为商品提供更大的降价空间，这就是 C2M 存在的意义。

京喜的拼团模式，把具有相同需求的消费者聚集在一起，厂商可以在短时间内获得大规模集中订单，实现"一对多"的匹配。有目的地生产，降低了产品积压的风险。在保证订单稳定的情况下，有多少需求产多少货，不必担心销售，也不需要为仓储承担额外的成本。京东根据自己积累的技术，为传统零售厂家提供相应的数字化解决方案，通过数据驱动，哪些产品应该以哪种参数何时造出，都有了清晰明了的答案，降低厂家试错成本。配套的物流供应链又能在最短时间内完成产品的配送，省去了中间仓储备货的环节，从整体上调动了商业的高效。

早在京喜诞生之前，京东就联合新华社推出"厂直优品"计划，拟为中国数万家制造企业搭建一个能高效连接消费者的物流体系。京喜的出现，直接成为该计划落地生根的重要载体。2020 年初，全球新冠肺炎疫情暴发，中国许多中小制造企业产品出口遭遇阻截。京喜主动出击，与相关企业展开合作并给予足够的补贴和扶持，帮助这些企业渡过难关。主打"厂货"的京喜吸引了超过4万家中小企业，部分外贸工厂也在京喜的助力下完成了出口转内销。

2020年11月，京东推出"C2M智能工厂"，以自身为核心，辐射全国制造业生态体系，完成传统制造的数智化升级。截至2020年底，京喜已与全国200个产业带达成合作，分别建立了100个工厂型产业示范基地和100个农业型产业示范基地。广州汕头的玩具、浙江诸暨的袜业、四川成都的竹浆纸等产业带制造商也在京喜的赋能下，完成了数智化的跨越式发展。

不论在供应链如何发力，回归京东的商业模式，电商零售依然还是京东主要的营收来源。在消费端，京喜借助微信11亿用户的流量入口，向下沉市场开始渗透。从用户需求出发，贯彻主站长年积累的服务品质，提出"低价不低质"的价值主张。借助先进的技术算法，根据消费者反映的数据来帮助商家寻找市场潜在的痛点与机遇。根据京东年度财报显示，2019年第四季度京东的活跃购买用户环比增长了8.3%，较第一季度至第三季度的1.7%、3.5%和4.1%，呈现出了明显的加速增长态势。这部分用户有七成左右来自三线及以下的城市和地区，而这亮眼的数据离不开京喜的发展。2020年的"6·18"期间，京喜新用户增长环比超过100%，在京喜的推动下，更多的用户完成了与京东的初次接触。

供给端上行与消费端下行并重，既推动了地方经济的发展，又扩大了电子商务的消费基础，彰显了京东市场下沉带来的双向价值。

第二章 京东创新法则2：竞争催生创造

第四节
专属优势：场景占领，开放平台

京东作为中国电商的"搅局者"，一路对标，一路战斗，一路创新，才创造了自己在行业中专属的优势。在竞争之余，京东也在积极寻求跨行业合作，和腾讯的合作打开了社交话语权下的全新购物场景，撬动了中国最大订单流量池；提出的"京X计划"把合作伙伴数量拉大，最终形成互联网的100%触达。

⊙（和腾讯）社交电商牵动私域流量

流量的释义是单位时间内物体通过某定点的数量（水流、电流），常被应用于物理学领域。直到1993年现代互联网诞生的3年后，一家名为WebTrends的企业针对互联网网站，开始提供服务端数据解析的服务。用户在网站上的任何行为，包括点击、浏览、下载都会在服务端产生缓存日志，通过日志分析和IP地址去重，就能得到网站访问量的明确数据。这项功能直接催生了流量分析（digital analytics）这一行业的诞生，此时的"流"代指"数据流"。而一场持续至今的互联网流量争夺战就此拉开帷幕。

以互联网为基础的商业模式无外乎"产品、流量、变现"三点，其中最重要也是最难获取的便是流量，因此产业界素有"流量为王"的说法。互联网的本质是连接，两个结点之间因为存在连接，才有后续的一切可能。这不是互联网语境下诞生的全新概念，放置于传统商业亦是如此：闹市区的人流量绝对比郊区要多，商场底层的触达概率也绝对比顶层要高。位置很大程度上决定了门店的基础流量，互联网更强的流动性只不过将流量的价值无限放大。

京东是垂直领域电商的独立网站，在积累到足够的用户规模前，流量只能从外部获取。在互联网早期，掌握核心流量的是以百度、谷歌为代表的搜索引擎网站，它们作为互联网的"入口"，用户曝光率最大，带来的流量最多。京东的商业逻辑是尽可能地减少中间环节，将最多的价值留给消费者，广告投放等市场营销无疑会提高产品成本，最终转嫁在消费者身上。刘强东也对充斥在用户各个界面的广告嗤之以鼻，一度叫停了营销投入。流量对电商的重要性不言而喻，京东虽然不赞成这种做法，但数据是不会骗人的。在关停的一个月里，京东用户增长率被同行业的其他平台遥遥拉开。见识到了流量的力量，印有京东商城LOGO的广告才重新出现在各大搜索引擎及门户网站的首页。

随着中国互联网的持续发展，流量意识在每个人心中生根发芽，广告联盟也借机大肆兴起，垄断市场下流量价格水涨船高。京东曾尝试通过更改域名的方式来减少市场营销的投入，并没有取得良好的成效，PC端的用户早已形成固定的使用模式，搜索引擎在他们的互联网生活中承担着大门的作用。一面是稍纵即逝的市场竞争，另一面是近乎天价的获客成本，这让刘强东开始感到焦虑："流量跟不上怎么办？技术跟不上怎么办？"

如行业生命周期理论（industry life cycle）的阐述一样，任何一项产业都会经历幼稚期、成长期、成熟期、衰退期四个阶段，而日新月异的互联网技术无疑加快了整个周期的进程。2008年，三大电信运营商先后拿到第三代移动通信技术牌照，移动网络速度得到质的提升；智能终端的持续发力，使得平价但功能强大的手机开始普及到每个人手中。两件看似稀松平常的技术演进，叠加在一起引发了一场跨时代的互联网革命——移动互联网时代，它重塑了整个互联网的格局，改了人们的社交方式：远距离、即时、移动的社交，为电子商务创造了新的可能。

不论是传统商业模式下的集市，还是互联网早期的搜索引擎，都是在创造一个能聚集更多人的交易场所。而在移动互联网的赋能下，社交工具不再仅仅是一种交流渠道，而是一个取代搜索引擎的全新线上集市。2012年腾讯公司创始人马化腾就公开表示："未来移动互联网应用的立足点将围绕解决用户的沟通、社交、分享、阅读、娱乐、消费等各种生活需求来发展，SoLoMo和云服务是重要的表现形式。"他提到的SoLoMo即social（社交）、local（定位）和mobile（移动）。互联网未来的发展在向社交靠拢，电子商务自然也要顺应时代。

阿里巴巴曾不遗余力地进军社交市场，是希望通过搭建社交平台，用更低的获客成本换取更高的经济效益，但他的失败也使其错失了占领移动端用户流量入口的机会。

有了阿里巴巴的前车之鉴，试错能力更低的京东得选择更加稳妥的打法。根据全球社交媒体代理机构We Are Social对全球网络社交给出的排名，2014年全球最大的五个社交网络中，QQ和QQ空间以8.29亿和6.45亿的月活数量分别位列第二和第三，微信4.38亿的月活数量虽然只排在了第五，但41%的同比增长率展现出未来无限的潜力。腾讯手握微信和QQ两个移动端流量的核心入口，如果能与对方展开合作，京东将在移动互联网时代形成绝对的优势。对于腾讯来说，电商是最直观的流量变现手段，可苦于无论是自家建立的拍拍网、QQ商城，还是收购易迅网、买卖宝，这些平台都没有在电商市场上掀起什么波澜。彼时京东市值260亿美元，有完备的物流体系和成熟的仓储系统，的确是投资的最好选择。❶

2014年3月10日是一个特别的日子，刘强东坐在腾讯深圳总部的会议室里与对方高层侃侃而谈，共话未来。原来在这一天，京东与腾讯联合宣布建立联合战略合作伙伴关系：京东收购腾讯旗下QQ网购和拍拍网的全部资产以及少数易迅网的股权；腾讯获得京东15%的股权，并为京东提供微信和手机QQ客户端的一级入口位置及其他主要平台的支持。

与腾讯的珠联璧合撬动了中国最大的流量池，为京东带来了诸多好处，最明显的就是京东移动端的用户数量提升。除了庞大的用户基数，腾讯社交平台更大的优势是用户黏性。以微信为例，在长期的演进过程中，它早已不再是一个简单的即时通信工具，全场景的参与让我们日常生活无法与其分割开来。它的强黏性，也有效地

---

❶ 刘一鸣. 市值从270亿美元跌到211亿，拼多多价值几何？ [EB/OL] . （2018-08-02）.https://www.36kr.com/p/1722717634561.

提升了京东移动端的客户黏性。根据京东2014年财报显示，2014年京东全年活跃用户数量同比增长104%，达到了惊人的9660万，移动端的订单占比也从年初的18%增长到了25%。

其次，弥补了京东线上支付的短板。截至2014年底，微信支付和QQ钱包中绑定银行卡的账户超过1亿，这是支付宝苦心经营8年才取得的结果。基于腾讯的线上支付平台，京东在电子商务上拥有了支付环节的底层支持，结束了脱离支付宝后"线上无门"的尴尬处境。

互联网还在发展，用户需求、消费途径、社交方式等都随时代的变化产生翻天覆地的改变。京东抓住机遇，合作布局，更好地做到了触达，也让京东在诸侯四起的电子商务企业中，打造了专属京东的优势，从而在转型的风口上做到了业务的持续增长。

⊙ 京X计划：触达100%

在与腾讯的战略合作中，京东与腾讯形成优势互补，双方收获的益处肉眼可见。此次合作也为京东之后的联盟计划奠定了基调。2015年10月，京东再次与腾讯联合推出"京腾计划"，集双方之所长打造名为"品商（Brand-Commerce）"的创意平台。

互联网时代，与京东一样为流量发愁的不只是电商平台，还有更多的品牌商在这场白热化的流量争夺战中迷路，他们缺乏流量获取的途径，即便收获了流量，也受制于各平台间存在的天然屏障造成流量流失。所以针对品牌方的全新解决方案——品商顺势而出。

关于品商，官方给出的解释是："包括精准画像、多维场景、品质体验全方位的营销解决方案。"具体来讲，根据用户在腾讯上做出的社交行为和在京东上做出的消费行为，提供精准的消费群体定位，并在社交和电商双场景下实现触达，刺激用户的消费行为。社交平台的独特属性为电商的品牌构建了购买场景，从而从某种程度上改变了用户的决策与购买路径。品商这一创新模式平台为品牌商家提供"精准画像""多维场景""品质体验"等综合营销解决方案，由此品牌方具有了多选择性的触达通道，一经推出便收获一致肯定，仅一年时间就有宝洁、可口可乐、三星等全球500强企业加入。

从表面上看，"京腾计划"的最大受益者是供应链上游的品牌商，但在整个过程中，一切交易都在京东商城上完成，京东是在通过扶持上游供应商，推动整个产业链的发展，腾讯也在"京腾计划"中实现了流量变现，可谓三赢。

"京腾计划"只是开始，意识到自身充满局限性的流量制造能力，京东以"100%触达"为目的，开启了一个横跨数年、涉及互联网近半壁江山的"京X计划"。

累计用户数高达5.5亿的今日头条，是互联网阅读的主要场景之一。2016年9月，京东宣布与今日头条合作推出"京条计划"，京东在今日头条开放一级购物入口。大部分电商与平台媒体间的合作都是信息广告流的交易，用户在浏览内容时也能浏览广告，待跳转后才能产生交易。而今日头条里的"京东特供"频道却是对平台原有功能的补充，广告不会像"狗皮膏药"一样布满页面，并且在京东商城完成选品、下单、支付等一系列的闭环操作，都无需离开今日头条App，保证了用户的使用体验和消费体验。这种导购、分佣的模式，既满足了今日头条的变现需求，也拓宽了京东商城的入口。

2017年短短的一年时间内，京东在"京X计划"上持续发力，先后与五家企业达成合作：与百度的"京度计划"，与奇虎360的"京奇计划"，与网易的"京易计划"，与搜狐的"京狐计划"，与爱奇艺的"京爱计划"。结盟方涉及搜索、阅读、娱乐、社交等用户在互联网使用中无法跳脱的场景，"京X计划"的运行模式也得到多方的普遍认可。到2018年，结盟企业开始脱离互联网属性，除了与新浪这样的老牌互联网龙头企业达成的"京浪计划"，京东还与交通银行联合推出金融领域的"京银计划"，依托科大讯飞的人工智能的"京飞计划"，基于小米手机生态系统的"京米计划"。

从形式上来看，京东与其他行业翘楚联合推出的一系列"京X计划"，是通过"头部媒体+京东"的方式站在营销层面争夺流量。PC时代的营销围绕浏览器展开，而移动互联时代每一个APP都是一个浏览器，面对碎片化的流量，只有在属性各不相同的平台上露出，才能激活潜在的用户，提高用户增长率。但"京X计划"所塑造的不只是流量联盟，更深层次的是重构场景后的数据联盟，双方互通有无的数据往来创造的价值，远比单纯流量扶持大得多。

2017年中国互联网上网人数增长率已缩小到5.6%，近乎停止增长，当人口带来的互联网红利走到边界时，相比用户数量的增长，想用户所想，为其提供个性化的服务至关重要。有"百货商店之父"

之称的约翰·沃纳梅克曾表达过自己在营销上的困惑："我知道广告费有一半是无用的，但问题是我不知道是哪一半。"这是传统商业模式下市场营销存在的缺陷。互联网没有秘密，任何商业价值都隐藏在大数据之内，通过对海量数据的挖掘分析，电商企业可以轻松完成用户细分，针对不同人群进行个性化推荐，提高客单价和转换效率，相对降低企业运营成本，做到真正取之于消费者、用之于消费者的营销闭环。

这些数据就来自京东建立的媒体矩阵中：用户近期会对哪些内容的视频更感兴趣？一篇文章在哪几句话停留的时间更长？他在登录社交平台前后产生了哪些行为？这些数据纵横交错，被各自平台所掌握。京东在"京X计划"的多方合作中打通了所有平台，实现数据的整合分析，形成了千人千面、所想即所得的精准投放，诠释了什么是智能商业时代。

与阿里巴巴一家独大的封闭帝国不同的是，京东的目标不是强制截留的流量生意，而是基于公平公开的抱团联盟。刘强东曾在《对话》栏目中说道："从商业来讲，我永远不希望把京东做成一个王国或者是帝国，所以我们永远不会搞王者联盟，不管我们多大了，我们跟合作伙伴都是平等的，我们不是王。所有历史上想成为王的公司，反而更快速地被瓦解。因为'王'带有很多很多的垄断，垄断会形成行业的反噬。"京东的合作更加自主也更加模块化，双方各取所需，各扬其长，在打造最强用户体验的同时，又实现了彼此间的用户留存，与京东的合作，成为这些企业在零售新时代到来后的最佳选择。

第二章　京东创新法则 2：竞争催生创造

重新定义
京东

第三章

京东创新法则3:
想象力构建未来世界

京东第三个创新法则是"想象力构建未来世界"。

想象力是人类特有的能力。人类之所以能够从亿万种族中脱颖而出，想象力发挥了重要作用。人类的大脑能够依照某种逻辑，以现有认知为基础，演绎新形象、新概念乃至新事物。飞机的诞生，是基于对鸟类飞行原理的认知，然后对人类飞行的想象；机器人的普及，是对人类自身的想象；航天航空事业的发展则是奠定在人们对于地外文明的想象……人类历史的发展与进步，正是建立在无数伟大的想象之上。想象，是创造之母。

那么对于京东而言呢？京东所处的互联网行业，是技术发展最快、产品更新迭代最快、用户兴趣变化最快的行业。企业在发展过程中，绝大部分时间都没有对标产品，没有成熟路径。只能依靠敏锐的商业嗅觉和战略预判来进行创新与发展。而想象力是预测未来、规划未来最重要的能力。

本章是关于京东如何利用想象力促进创新，服务客户与社会的故事。本章第一节讲述京东与合作伙伴在制造业的探索，制造业的转型升级是国民经济发展的重要主题。但不论是制造企业，还是京东这样的服务制造业的企业，其尝试都面临巨大的挑战。京东通过创新服务制造业，走出了一条较为成功的道路。本章第二节是对京东服务制造业升级的更进一步观察，从制造业升级到产业数字化，京东走出了一条愈发标准化的路径。第三节则是讲述京东服务城市空间，打造智慧城市的故事。本章三节都是面向智能产业与社会的改造。在这一过程中，京东如同在无人区穿梭，依靠想象力作为舵与帆才可前行。

第一节
为制造业升级服务

不同于常规的互联网企业，京东自诞生至今，其发展方向从不是重流量的电商平台，修仓储、建物流等一系列操作，更多是京东面向实体经济的抉择。由实体经济与互联网经济构成的双链基因结构，赋予了京东独特的前进道路。过去二十年间，京东以技术为导向，完成了自身的数智化转型升级；早在2013年，京东便启动JD Phone计划，通过数据挖掘，了解用户需求，联合品牌厂商共同打造满足用户需求的产品；2016年X/Y事业部成立，京东开始向技术企业转变；现在，京东推出"C2M智能工厂"，以销定产，助力传统制造业的数智化升级。

为制造业服务是京东的创新体现之一。服务实体经济转型升级的过程，没有参照更没有成熟的路径。所以制造变为智造，是一场关于想象力的比拼。

⊙ 中国制造的机遇

京东所构想出来的世界与企业之间连接的支点是产业数字。2018年，京东将"科技零售"变为"零售科技"。突出了以科技服务产业发展的战略目标。产业数字化作为明确的战略目标被提出来。

其实早在2013年，京东就已经开始在制造业进行产业数字化的尝试。作为国内最大的电商平台、最大的零售企业之一，它的一端连接着数亿消费者，另一端连接着制造企业。服务制造业升级，是自然而然的选择。

而且从制造业的角度看，数字化升级是时代发展的潮流。

中国制造业无疑是全球最为强大的制造产业。在全球经济中具有举足轻重的地位。这一方面体现在我国拥有门类最为齐全的制造业体系。根据联合国产业分类的标准，我国拥有41个工业大类、207个工业中类、666个工业小类，是全世界唯一拥有联合国产业分类中所列全部工业门类的国家。❶这意味着任何一款产品、任何一个零部件都可以在中国市场上找到。这是我国工业制造在全球产业链的核心竞争力之一。

另一方面，制造业带来的产值巨大。根据世界银行的数据统计，我国制造业增加值自2010年超过美国，就一骑绝尘成为世界制造业第一大国。2010年我国制造业全球占比约20%，截至2020年12月30日这一比重达到28.1%。2020年中国第二产业增加值占GDP比重为37.8%❷，占据我国经济发展的重要地位。

---

❶ 中华人民共和国中央人民政府. 去年我国全部工业增加值超40万亿元 制造业规模连续13年居世界首位[EB/OL]. （2023-03-19）. https://www.gov.cn/ xinwen/ 2023-03/19/content5747420.htm.

❷ 人大重阳. 陈治衡："中国引擎"重启，"世界工厂"地位仍将无可动摇[EB/ OL]. （2021-04-08）. https://baijiahao.baidu.com/s?id=1696471651528082803& wfr=spider&for=pc.

但是我国制造业也面临着不少挑战。

第一，我国自主创新能力还有待加强，缺乏生产制造的核心竞争力。工信部对全国30多家大型企业130多种关键基础材料调研结果显示，32%的关键材料在中国仍为空白，70%以上智能终端处理器以及绝大多数存储芯片依赖进口。包括高档数控机床、工业机器人、汽车在内的装备制造设备，也有95%以上的进口依赖。这说明我国大部分制造业企业仍然停留在中低端市场，高端产品突破不够，核心竞争力不强。

第二是产品价值链低，利润率较薄。价格优势是不少国内制造企业最大的优势。但是这也暴露了企业的一大弊端：囿于低价，没有高价值，企业利润率低。多数企业安于现状，畏惧走出舒适圈，强调眼前的利益而不顾技术创新。缺少技术的支撑，再优异的产品也不过是毫无含金量的"花架子"，价值又从何谈起？

第三是生产效率差。企业发展初期，个体效率的高低将直接决定组织效率的高低。但当企业发展到一定阶段，二者之间的关系能否等同将画上一个问号，员工的忙碌未必能直接转化为企业的效率。所以数字化与系统化，成为解决生产管理难题，提升效率增长的主要方式。

除此之外，制造业还面临着产品质量问题突出、产品设计不符合消费者需求、高质量技术工人短缺等问题。众多因素汇集在一起制约了中国制造业的进一步发展。

那么中国制造业未来应该如何走呢？

第三章　京东创新法则3：想象力构建未来世界

过去，我们都向美、德、日等国家的制造业学习。

美国的制造业在第二次世界大战结束后达到顶峰，虽然此后所占GDP比重一路下降，但是仍然占据着高端产业。2018年美国的GDP总量为20.5万亿美元，制造业占GDP比重约为11%，即22550亿美元。另一大制造强国日本，尽管制造业占比高达20%，但经济总量只有美国的四分之一，制造业总产值不足美国的一半。以工业制造著称的德国经济规模更小，日、德两国的制造业总和，也不及美国制造业的规模。所以，虽然美国制造业面临外流的危机，但是依然不容小觑。

美国制造业的特点是占据高端制造，通过持续不断的技术提升，来树立自己在高科技领域的绝对优势。比如，半导体产业是美国高端制造的核心领域之一。根据2019年的统计数据，美国芯片企业占全球市场份额超过50%。又如在航空航天领域，根据美国《航空周刊》的数据，2017年美国企业的产值高达4080亿美元，占全球市场总量的49%。航空航天领域排名前五❶的企业仅一家不具有美国血统。此外，相较于其他国家的企业，美国企业更注重技术创新。根据欧盟公布的全球研发投入50强名单，其中美国公司有22家，德国企业9家，日本企业6家。美国企业的研发投入占销售额的比重也普遍高于其他国家，英特尔的研发投入占比为20.9%，思科为12.6%，

---

❶ 排名前五的企业：波音公司、欧洲空中客车、洛克希德·马丁、联合技术和通用电气（航空业务），其中空中客车是非美国企业。

高通为24.5%。这远远高于我国大多数科技企业。❶

由此可见，美国的制造业走的是一条高精尖的道路，通过不断增加投入获得技术创新，在高附加值的行业实现绝对的垄断，维持超高额的利润。

那么德国是怎么做的呢？一提到"德国制造"，人们脑海中往往浮现出精密、耐用、安全、可靠等词汇。"德国制造"的光环究竟是怎么来的？这得益于德国在制造领域建立的一系列推动科技创新的标准化保障体系。德国各个阶层都看重科研创新，在政府的牵头下建立了一套包含科研开发、成果转化、知识传播和人力培训在内的闭环科研体系，科研人员专心于科研，企业提供研发资本，政府在二者间牵线搭桥，社会各司其职，科研创新也有条不紊。

此外，德国严谨而健全的工业标准和质量认证体系，又为德国制造业的领先做出了重要贡献。德国每年发布上千个行业标准，涉及冶金、化工、环保、消防等与工业相关的所有领域。而公平公正的质量监督体系，既有效协调了本土企业间的竞争，又确保了"德国制造"的质量，还整体提升了"德国制造"的竞争力。科技创新与严谨的工业标准和质量认证体系，这两大措施造就了德国产品过硬的质量。

日本制造业相比于美、德，属于后起之秀。日本企业做对了什

---

❶ 西域科技前沿. 制造业占GDP比重只有11%，为什么美国制造还如此强大？ [EB/OL] . [2019-11-02]. https://baijiahao.baidu.com/s?id=16490514179093
59690&wfr=spider&for=pc.

么，才实现后来居上？

日本企业首先是依靠创新驱动的。强调新技术落地。日本注重人机结合，强调柔性生产，在数字赋能传统工业的进程中，不提倡一味地用机器替代。针对大批量生产的产品，工厂会选择机器驱动的自动化生产线；但面对多品种、小批量的产品，工厂会充分发挥人的主观能动性，在机器之余安排一定人工，以此适应生产装配中不同工艺流程及工艺参数的变化等。通过人机协作、人机共融的方式来让员工能够从繁重的劳作中解脱出来，愉快地开展各项工作。日本企业非常注重以人为本，有着清晰的人才培养路线，终身雇佣制和年功序列制度是日本企业重要的制度。通过长期的雇佣和培训，保持企业员工的匠人匠心，在工作细节和产品细节中发挥到极致。

总结美、德、日三国制造业的发展经验，我们可以提取三个关键词：科技创新、制度创新和人才培养。而这三者也正发生在中国市场。只不过作为后起之秀，中国企业肯定不能完全重复别人的路径。要实现超越，必须创造新的发展模式。而这一模式已经存在于中国市场、中国制造业的生态中。这就是借助中国数字经济得天独厚的发展优势，服务制造业实现产业升级。

⊙ JD Phone 计划

2013 年，在移动互联网方兴未艾之际，京东就开始了服务制造业的尝试。当时，智能手机崛起为最重要的智能终端设备，京东借势推出了 JD Phone 计划，帮助相关制造企业提升智能手机的设计和生产。

这个计划是根据消费者在京东平台留下的产品反馈和数据，来分析不同群体的消费者对智能手机的真实需求。然后联合手机制造商推出适合不同消费者的不同产品，使产品定位更加准确，用户的使用体验更好。因此 JD Phone 计划一经推出，便获得了手机制造商和用户的欢迎。这是京东 C2B 最早的尝试。

京东的这一计划背后有成立逻辑。京东是电商平台，自己不做品牌手机，但是 2014 年左右，京东有 1 亿以上的注册用户，智能手机销量超 3000 万。从规模上看，京东已具备通过 C 端反馈，进而定制手机的能力。

手机品牌厂商为什么愿意参与这项计划呢？对于手机品牌厂商而言，京东具有雄厚的网络零售实力。京东商城作为国内最大的手机网络零售商，能够为厂商提供销量保障，拓展电商渠道。京东是品牌厂商销售渠道中诸多棋子之一，是电商渠道中的骨干力量。也因为，京东把握住了品牌厂商发展电商初期的时间窗口。

传统手机销售链条基本为：厂商—分销商—零售商—用户。一般手机的利润率在 20%～30%。销售链条越长，单一环节分得的利润就越低；如果每个环节留足利润空间，用户获得的产品性价比更低。为了降低渠道成本，就要压缩链条，或者降低某个环节的利润空间。但是当时智能手机市场的现状是，运营商大块分食分销商、零售商的蛋糕，压缩厂商的利润，品牌厂商，尤其是国内依赖运营商的品牌厂商，依赖着，同时又要不断摆脱依赖。分销与零售环节通过电商的形式进行，中间环节成本降低，更突出产品性价比，是品牌厂商的较好选择。更突出的，手机的电商销售一步到位，直接面向用户，为各大品牌厂商提供了可参考的案例。

那么京东能够得到什么呢？好的产品。与品牌厂商的合作，就是优质产品资源的保障。合作开发的模式能够实现京东、品牌商和消费者三方共赢。

用百度搜索"JD Phone"关键词，资讯类显示有39篇，时间集中在2013～2015年。这令人产生好奇，在短短的两三年时间里，JD Phone计划经历了什么？它后来的命运如何？在京东的战略计划中，JD Phone计划扮演怎样的角色？

从关于JD Phone计划的一些公开说明可以获知，京东希望基于平台的用户数据基础，与各手机厂商合作，推出定制款手机产品，以满足用户的个性化需求，帮助品牌厂商获得更大成功。当时，京东注册用户超过1.2亿，拥有3000万手机用户（京东商城购买过手机产品的用户）。京东认为，依靠这样的数据基础，有能力对用户意见进行收集、挖掘和反馈，进而帮助手机厂商深入了解用户需求，提高产品开发、市场预判、制定营销方案的精准性、创新性。

在手机业内，这种定制化模式并不陌生。早在2011年，小米就通过"米聊"平台收集手机发烧友的意见，成功推出为"米粉"定制的手机产品而大获全胜。2013年，小米手机出货量达1870万台，比2012年增长160%，增势正猛。^❶在小米的竞争刺激下，众多手机品牌厂商闻到了竞争的味道，也洞察到了新机遇、新方式、新模式。他们也想尝试类似的定制模式，但却不一定具备小米那样的基础条件。

2013年11月，京东正式发布该计划时，宣布中兴旗下高端品牌努比亚（Nubia）的两款手机为首批与京东数据结合定制的产品，即定价为1999的Nubia Z5S（大牛）和定价为1499的Nubia Z5S mini（小牛2）。

实际上，中兴在推出第一款产品Z5时，并没有达到预期目标。为了找到突破点，时任努比亚总经理倪飞找到当时的京东集团副总裁、JD Phone计划的开创者王笑松。后者自2008年加入京东，负责手机数码业务。在王笑松看来，努比亚既有中兴雄厚的研发、制造背景，又不失新品牌的创新、开放和高效，无疑是最佳的合作伙伴。很快，双方便达成合作共识。

在京东的深度参与下，努比亚两款手机在外观设计、软件、性能、材料、性价比等方面都结合了用户需求而定。京东广泛收集用户意见和评价，并反馈给努比亚。例如，将机身做薄；在行业首创"三网3G"，即产品可同时满足电信、移动、联通的网络；拍照时可以手动调节手动对焦、快门时间等参数，还可以实现多重曝光、全景、间隔连拍等功能。诸如此类的产品设计中都有京东的深度参与。

---

❶ 阿茹汗. 小米财报：2013年营收265.8亿　净利润3.47亿元 [EB/OL]. （2014-12-15）. http://it.people.com.cn/n/2014/1215/c1009-26207194.html.

第 三 章　京 东 创 新 法 则 3 ：想 象 力 构 建 未 来 世 界

此外，在定价、市场供应链方面，也结合了京东提供的数据信息和服务。

与努比亚的合作基本全链条覆盖了 JD Phone 计划的设想，不管是在产品设计优化上，还是价格、服务方面，都要为用户提供更好的体验。王劲松高调表示，为推行此计划，京东愿意零利润，且不会在任何合作产品上进行品牌露出，也不强制要求合作商预装京东应用。同时，他反复强调该计划的价值，即整合手机产业链实现按需定制生产、优化用户综合性购物体验、培养用户忠诚度、提升京东品牌形象等。

可以说，在 C2M 概念刚出现时，京东捕捉到了机遇，并选择自身具有优势资源的手机产业进行试水，是一种创新尝试和布局。同时，这也契合了手机产业的发展需求。对于国产手机品牌来说，2012 年被视为"智能手机市场元年"，2013 年则为"集体进军高端市场的元年"。也正是在 2013 年，工信部正式发放 4G 牌照，推动中国手机产业进入繁荣发展的新阶段。2013 年，华为接连发布两款 P 系列手机，推出了 Mate 系列第一款产品，表明了进军手机终端产业的决心；OPPO、VIVO、魅族、锤子手机、联想、奇酷等国产品牌争奇斗艳；老牌强势企业苹果与三星依旧在全球手机市场占据优势地位。在国产手机品牌集体崛起的背景下，JD Phone 计划的推出恰逢其时。

计划推出后，华为、诺基亚、一加、酷派、LG、IUNI 等手机品牌纷纷加入，以中国联通为代表的运营商也加入其中，为京东用户提供多样化的套餐服务。2014年，中兴红牛加入JD Phone计划，在京东首发5万余台手机，预约人次高达500万，17秒被抢空；华为荣耀6在荣耀3C之后也被纳入JD Phone计划的旗舰产品；其他手机产品包括摩托罗拉新MOTO X、联想乐檬K3、魅蓝Note、红辣椒Note等。有媒体报道称，京东2014年JD Phone的预约量超过4000万台。

JD Phone计划的创新提出也引来同行的效仿。2014年，苏宁公布"手机家族计划"，为用户提供手机新品独家首发、明星产品独家订制等专属平台。与JD Phone计划类似，苏宁表示可基于用户数据，帮助手机厂商分析用户的个性化需求，成就爆款产品。

但媒体在报道2014年JD Phone计划时纷纷提到了"重启"一词，称这一年的"6·18"大促中，京东的手机出货量未达预期，因此重新启动JD Phone计划。虽然只有只言片语，京东也没有官方说明JD Phone计划的进展情况，但不禁令人猜测，JD Phone计划是否推行不顺而被搁置。

按照设想，京东向所有手机厂商开放合作机会，计划一年推出不超过20款JD Phone计划体系的产品。随着合作深入，虚拟运营商的资源以及电子书、数字音乐等京东的内容资源都可以整合进JD Phone，帮助厂商在用户体验和服务方面建立更大的优势。

从实际落地情况来看，JD Phone计划虽推出过"阅读手机""长辈智能机"等个性化产品，但受众面较窄、影响力不足，在定制化生产方面的设想未能实现，其与厂商的合作主要集中在渠道、营销环节，例如"0元预约抽奖"等预热活动、首发造势活动等。这说明厂商对京东渠道能力的认可，但对京东帮助他们优化产品方面持保守态度。当然，这与手机厂商的战略规划、用户核心数据管理等有较大关系。

2015年，曾有消息称京东会专门成立创新业务部负责JD Phone计划，但之后并没有更多消息。虽然JD Phone计划并没有引爆手机市场，但京东期望通过大数据分析深度参与手机制造的初衷值得肯定，公司也的确凭此迈出了向产业链平台扩展的步伐。虽然有诸多风险和阻碍，但这本就是创新必经之路。2019年初，京东宣布建立C2M平台。2020年，提出"C2M智能工厂"计划，将品类从3C产品扩大到家电、快消品领域，显示出了更大的雄心。人们也从中窥见了曾经JD Phone计划的影子。

⊙ 制造更是智造

2018年初，京东自有品牌"京东京造"上线，聚焦家电、厨具、家居家装、食品、美妆等全品类商品，满足消费者生活中全场景的消费需求。2019年8月，"京东京造"率先启动C2M个性定制服饰模式。到2020年11月，京东在"JDDiscovery-2020京东全球科技探索者大会"上，正式发布"C2M智能工厂"计划。

代表京东发布该计划的是时任京东集团副总裁、京东AI平台与研究部AI研究院副院长梅涛，他曾任职微软亚洲研究院，负责多媒体搜索与挖掘的研究工作，于2018年初加入京东。梅涛认为，京东在供应链数字化和智能化方面的优势能够帮助工厂优化生产流程，缩短生产链条，减少人力，具体包括智能安排生产计划、智能设备互联互通等，以达到满足个性化需求且降本增效的目的。

按京东的设计，加入该计划的企业将获取基于京东商城的用户需求分析，并借助京东一体化供应链，获得从产品研发设计到原料采购、生产制造、物流运输、营销服务全流程的数智化服务。简单来讲，通过京东"C2M智能工厂"计划，制造工厂可以连接消费者需求，掌握他们对于产品设计、生产、服务、流通等各方面的要求，提前预判市场变化、缩短供应链周期，做到柔性化的"按需生产"，以此实现精准创新，降低试错成本。

从大逻辑来说，"C2M智能工厂"计划与JD Phone计划思路相通，都是通过反向定制满足消费者需求，只是前者覆盖的范围更广、层次更丰富。实际上，在2014年，也就是JD Phone计划发布后不久，京东就抓住智能硬件设备的风口，针对智能硬件品牌厂商提出了"JD+"计划。当时，智能穿戴设备、智能家居成为潮流，各种产品层出不穷，京东提出为厂商提供数据共享、供应链采购服务、营销服务、资金支持等，计划为上百家企业提供孵化，打造出更多消费者真正需要的好产品，助力智能硬件行业发展。

从演变历程中可以看到，京东在C2M模式的创新探索上从未放弃。以京东3C电脑数码产品为例，2013年京东在全球PC市场不景气的情况下，进行用户调研发现，不同用户对电脑的需求发生了变化，人们不再满足于使用千篇一律的同款产品，而是在不同场景中有不同需求。例如，商务人士希望笔记本电脑更轻便、时尚，电竞游戏用户则是性能至上。2016年，京东就与联想、惠普等品牌厂商合作，以C2M的形式开拓出轻薄本和游戏本，同时在路由器、显示器、鼠标等PC配件领域积极探索，推出电竞路由器、设计师笔记本电脑、二次元游戏本等产品，且取得销量倍增、高性价比的成果。2020年数据显示，京东平台上有四成游戏本为C2M产品，包括联想拯救者Y7000P系列、惠普暗影精灵系列等明星款。

在京东正式提出"C2M智能工厂"计划时，业内也有众多企业在行动。其中一类是与京东类似的互联网企业，例如拼多多、苏宁都提出了布局C2M的计划，而阿里巴巴早前就有1688"淘工厂"，后又在2020年发布"犀牛智造"，瞄准传统制造业的智能化转型。还有一类则是制造业厂商自建平台，例如红领的C2M私人服装定制平台。另外还有专门为垂直细分行业服务的大数据公司、软件服务商等。

经过多年探索，京东总结出C2M五步法，以清晰的路径设计塑造自身在C2M领域的竞争优势。第一步，基于京东用户大数据和行业洞察生成需求报告；第二步，对目标消费者进行仿真试投完善新品方案；第三步，进入厂商研产阶段，厂商将依据需求分析报告，对产品设计、研发，匹配生产要素进行柔性生产；第四步，商品将在京东各销售场景首发上市；第五步，结合京东大数据对兴趣用户进行精准营销。

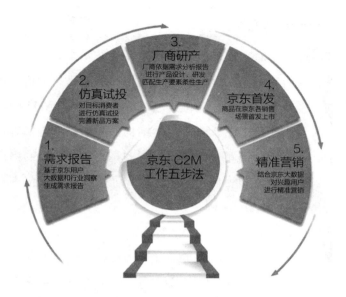

从落地实践情况来看，京东"C2M智能工厂"计划的确在短时间里为行业提供了丰富的案例参考。

在家电领域，京东与美的、海尔、格力等知名品牌达成合作。例如，格力与京东智联云合作，将一款C2M定制加湿器的上市周期缩短了80%以上。一个更完整的案例是：京东家电调研用户需求发现，用户存在衣物混洗不便，且有细菌交叉方面的困扰。尤其是对追求品质生活的轻奢人群而言，这一痛点显著。为此，京东家电与松下合作，历经1000多天，超10000次试验，集结200位研发工程师参与，最终推出松下ALPHA洗衣机器人。这款洗衣机采用"仿生气囊柔压洗"技术，能够让机器模仿手的按压动作，达到手洗衣物的效果。同时，在京东营销支持下，这款产品在京东家电首发当日，就成为洗护品类单品的销售冠军。

在家居产品方面，京东C2M定制产品也非常丰富。京东京造的洗衣凝珠在传统的去污功能基础上，增加抑菌除螨、护色留香等消费者个性化需求。京东在运动健身领域的自有品牌LATIT则根据用户意见，采用手感漆工艺、改变枪体结构、增加配色选择等，让产品符合新一代消费者的审美。值得一提的是，JD Phone的提出者王笑松，从2020年开始负责自有品牌业务，可见京东在C2M业务上的一脉相承。

在手机制造领域，京东"C2M智能工厂"计划也散发出吸引力。2021年12月，VIVO、iQOO与京东签署为期三年的战略合作协议（2022～2024年），涵盖产品、营销、渠道、用户运营等各方面，即全链路的VIVO京东服务体系。例如，聚焦C2M产品的开发，加速实现扩大产品品类、定制化生产的目标。京东可为VIVO提供用户研究、流量扶持、IP定制合作等方面的资源，推动VIVO产品服务创新，挖掘新的可能。

第一，品类裂变式增加。仅从京东京造的数据来看，在C2M模式、S2B2C模式等方法论的作用下，经营品类和SKU迅速增长。例如，某品牌瓷器从花色、器型等方面入手，短时间内就推出近百款产品。在京东京造旗下，拥有家用电器、数码手配、家纺家居、生活百货、个护家清等十多种大品类，各类商品琳琅满目、各有特色，让用户每天都有新发现。2019年京东零售集团CEO徐雷曾表示，京东将在3年内累计发布1亿种新品及C2M产品。

京 东 创 新 法

第二，效率提高。C2M模式就是提高供应链效率，缩短产品开发时间、缩短库存周转时间等。例如，通过京东智能供应链提供采购建议、自动下单、智能补货、智能库存管理等服务，实现仓运配一体化服务。公开数据显示，美的冰箱在采用京东供应链解决方案后，库存周转从过去的30～45天降至28天，不仅优化了供应链效率，而且库存管理更智能便捷。

第三，收益增长。诸多品牌产品在京东成为爆品。在2020京东全球科技探索者大会上，京东表示整体C2M商品的销量同比增长达654%。例如，松下的智能马桶盖曾在京东"双11"开场10分钟就成为成交额第一的品类，而恒洁品牌的智能一体机升级版上架2周的成交金额环比增长2倍。❶ 从数据表现来看，C2M商品备受用户欢迎。例如，2021年"双11"期间，京东C2M商品占京东商城游戏台式机七成销量、Type-C高清显示器近五成销量，这给众多品牌带来了增长机遇和信心。

从JD Phone计划到PC产品反向定制再到正式提出"C2M智能工厂"计划，京东在产业互联网道路上不断探索、蜕变，推动制造变智造。在消费升级、高质量发展的环境下，京东的C2M实践为制造业企业提供了从用户调查、产品设计、生产到供应链、市场营销、服务的全链条创新方案，开辟出转型和新增长的畅通路径。

---

❶ 王琳. 京东推"C2M智能工厂"，重新定义中国制造业未来[EB/OL] .（2020-11- 30）.https://baijiahao.baidu.com/s?id=1684769786595064381&wfr=spider&for=pc.

下一个十年：产业数字化的机会

京东拥有消费者与商家两方资源，因此京东的数字化产业正迎来一个重要的机会。以其人工智能、大数据、云计算、物联网技术链接消费互联网以及产业互联网，意味着京东的业务正在向供应链上下游扩展。而要抓住产业数字化机会，最重要的是发挥行业想象力依靠创新来提出解决方案。京东提出了"131"的产品架构，并通过对底层技术的开发，依据客户的不同场景需求，实现适用于企业场景和生产场景的数字化。

⊙ 工业4.0下的131体系

自18世纪60年代，一位来自英国的纺织工詹姆斯·哈格里夫斯发明珍妮纺纱机后，靠蒸汽驱动的机械制造设备开始在社会生产中得到广泛使用，以机械化为核心特点的工业1.0时代开始；随着自然科学的不断进步，工业2.0的大门被电力叩开，电气与工业生产紧密地结合起来，社会生产力得到了飞速发展；之后以IT技术的大规模使用为特征，工业生产开始步入自动化与信息化时代，这一阶段可以称为工业3.0。时至今日，工业已然成为人类社会的基础经济产业。

历史的车轮绝不会停止前进的步伐，工业3.0并不会成为工业生产的终点。随着社会消费结构的改变，移动互联网的普及正在重塑消费模式，市场内个性化与定制化消费的需求与日俱增。无论是工业1.0、2.0还是3.0时代，一切生产行为都是品牌方的单方抉择，消费者不过是在已有的选项中做选择，所谓的以市场为导向、按需生产，一直未能真正实现。而基于计算机科学技术的不断发展，互联网与各个产业跨界融合形成的"互联网＋"模式，为产业数智化升级提供了广阔的发展前景。在数字产业不断奔涌的当下，依托大数据的挖掘与使用，数字世界与物理世界的边界日渐模糊，社会生产在底层逻辑上开始出现天翻地覆的变化，传统制造工业也迎来了前所未有的机遇，以数智化为改革核心的工业4.0时代正在到来。

早在2011年，美国智能制造领袖联盟SMLC便提出通过工业互联网将人、数据和机器三方连接起来，从软件、网络、大数据等软性服务对工业领域完成改造。德国是全球著名的工业强国，也在2013年提出通过信息物理系统（cyber-physical systems）实现生产过程中制造、仓储、运输、销售等信息数据化，利用算法打造智慧工厂。紧跟时代步伐，2015年我国出台《中国制造2025》，提出要持续提升工业基础能力，加快促进产业转型升级，在2025年使我国迈入工业强国之列。其中产业数字化和智能化便是制造升级的主要方向之一。

时间过半，我国不少制造业厂家已经开始利用数字化手段对生产车间进行改造升级，智能机器人数量与日俱增，完成粗放型生产向全产业链精细化生产转型。这种转型是从根本上背离以硬件为中心的传统产品制造模式，需要完善的管理体系和充分的创造力。但当前传统制造业仍然缺乏自主创新的动力与能力，通过压缩成本降低产品售价是生产厂家参与市场竞争的主要渠道，在消费者主导权越来越大的市场下，B2B厂家的消费者服务意识依然淡薄。

自2019年转型以后，京东一直标榜自己是根植于实体经济的技术型企业，运用自己在消费端和生产端长期积累的实践经验，依托核心供应链与技术能力，为合作伙伴提供数智化升级解决方案。2021年为了更好地赋能企业，推动中国制造业的转型升级，京东在原有的四大事业群外，推出了其在智能制造领域长期实践的成果——京东智造云。

根据京东官方的解释："京东制造云是一站式工业数智化技术服务平台。助力企业高效打造工业场景应用；在研发、生产、供应等工业场景上提供新品孵化、智能工厂、智能供应链等数智化产品；通过供需网络的搭建，实现社会化、网络化的产能调度与需求匹配，从而提升生产制造产业效率。"其独创性的核心优势是基于数智化创新的"131"体系，即一个企业生产数智化底座、三个企业生产数智化解决方案和一个企业生产产能一网通享平台。

一个企业生产数智化底座即智造云平台。智造云平台本质上是数据云，在得到京东工业品大数据和京东业务实践沉淀的验证后，其PB级数据分析处理能力足以针对不同客户需求，实现企业数据的可视化管理。以此为基底，结合深度学习、机器学习等人工智能

智造未来
释放潜力，引领工业数智化和产业升级

消费者　品牌商　服务商　制造商

智造云网

智能采购　智能仓储　区块链溯源
智能供应链

市场洞察　产品设计　仿真试投　质量检测　生产排期　预测维护
智能新品孵化　　智能工厂

智能制造解决方案

IOT设备　企业信息化系统　工业物联网平台　工业数据平台　工业AI平台　工业知识图谱　模型仓库　工业应用

智造云平台

技术，实现企业数据的统一管理，构建数据接入、数据处理、数据存储、智能分析等全链条的一站式工业数智化。

三个企业生产数智化解决方案是指服务产品设计研发的"智能新产品孵化"、应用于数智化生产制造的"智能工厂"和打通采购到仓储场景的"智能供应链"，它们分别回答"目标客户是谁""为客户生产什么产品""如何高效生产"三个工业生产面临的核心问题。以工业智造大脑为核心，三位一体的解决方案，既能联手为制造企业提供全场景的综合性智能化服务，实现端到端的商业闭环，也能按需提高服务与市场的匹配度，撬动企业数智化升级。

第三章　京东创新法则3：想象力构建未来世界

一个企业生产产能一网通享平台即连接消费者、品牌商、服务商和制造商的制造云网，研发设计、安全生产、仓储与采购、消费选品、客户服务一站式数智化服务，可以动态匹配需求市场与供给市场，实现供需端的网络协同。

基于电商基因，京东具备着消费者与商家两方资源，得天独厚的优势在我国工业革新时也应当义不容辞。随着京东智造云的大范围赋能，将会对我国制造的成本结构、经营模式、技术发展产生深远影响，工业4.0时代已来。

⊙ 生产场景数字化

漫步在19世纪的伦敦街头，我们会在日落时看到数千名工人列站在街边的路灯旁，等待同一时间点燃煤气，为黑夜带来光明；也会在每天日出时分，看到他们整齐划一地将路灯熄灭。以习惯现代生活中电网统一管理的视角去看，这样的做法略显滑稽，是两百年间科学技术的发展改变了它。而未来，万物都会像路灯并入电网一样接入云端，由数据组成的云将会是社会生产必不可少的基础设施。

"京东云的核心能力在我看来不仅仅是技术产业，我更想强调我们拥有丰富的产业理解力，深厚的风险管理能力，用户运营能力以及企业服务能力，也面向不同行业为企业提供行业应用、产品开发、产品数智化全链条服务。"京东人工智能研究院院长周伯文在"云上共生，产业共赢"峰会上说道。京东智造云只是京东众多云中的一个缩影，作为一家连接消费端与制造端的技术服务型企业，通过大数据的挖掘与分析，拉近了双方的距离，减少了无需求商品的生产和积压，提高生产制造的价值，并在赋能数字化生产中已交出许多满意答卷。

陕西恒盛集团是一家根植于建筑材料20余年的传统制造企业，以混凝土生产为主。受制于技术水平，在互联网的浪潮下满心悸动却无从下手。2019年，京东云与恒盛达成战略合作，助力其实现数智化转型升级。

商砼❶之家是京东云为恒盛量身定做的建材领域一站式B2B服务平台，也是国内首个混凝土智能供应链平台。不仅将企业经营中包括混凝土业务、设备采购、物流运输等在内的八大业务板块完成上云，还针对混凝土从生产到现场浇筑的强时效性，构建出"集采集销+物流+增值服务"的全新智慧运输模式，实现多车型、多角色、多站点的车辆运输精准协同，将供应链运输效率提升30%之多。在一站式解决方案外，该平台还可以全面打通供应商、企业、客户之间的沟通壁垒，实现全环节的可视化，提升产业效率的同时，有效减少了污染气体的排放。

对于京东曾赖以生存的3C电子产品，京东云为其打造智能工厂并完善全球流程智能化升级。通过机器视觉技术在工业生产线上的应用，可以有效提高缺陷检测质量，实时筛出残次品，并根据良品

---

❶ 即商品混凝土。

第三章 京东创新法则3：想象力构建未来世界

率，自动分析调节工艺参数，对无法解决的潜在风险进行预警。每台视觉机器能等效替代流水线上30个工人的工作量，并将质量管理错误率降低到现在的1%甚至更低，通过降本增效为企业带来切实利益。

到2021年，京东云已为1500余家大型制造企业和超过152万家中小微企业提供产业数字化升级服务，全方位展现了京东云在未来生产场景下的数字化积累。

下一个十年将是产业数字化最好的机会，京东云将继续打磨技术能力，针对行业痛点，主动融合实体经济，成为"更懂产业的云"，也助力中国工业在行业转型的弯道时期完成超越。

第三节
走进智慧城市前沿

产业的升级必然影响到城市，在数字化的浪潮下，智慧城市成为发展的必然。

从历史维度看，聚落是人类走向文明的标志之一，而城市聚落的形成是人类文明发展到高级阶段的产物。经济史家保罗·贝洛赫在《城市与经济发展》一书的开篇就写道："这世界上没什么事情比城市的兴起更令人着迷了。没有城市，人类的文明就无从谈起。"

中国古代许多著名城市如长安、洛阳等，一度是当时世界上人口最多、面积最大、商业最繁荣的城市。第一次工业革命后，工厂的集中聚集地从乡村转移至城市，随之而来的是大量涌入城市的劳动人口。城市建设速度加快，城市规模进一步扩大。西欧、北美等国的工业城市，吸纳了超过本国国民一半的人口。今天，城市已经取代乡村成为人类生活的主要场所。在中国，有8.4亿人分布在超过300个城市里，其中北京、上海、广州、成都等城市人口都已经超过2000万人，是名副其实的超大型城市。而且中国的城市化还有巨大潜力。合理推测，未来15年内我国大概还有2亿人要进城。而对于全球而言，全球人口数量即将接近76亿，城市人口超过40亿。

城市化在促进区域社会经济发展的同时，也暴露出了一系列难以避免的问题：交通拥堵、环境污染、公共服务发展不平衡、个体间贫富差距过大……种种问题严重限制了城市社会经济的进一步发展。全球还有近50%的人口会向城市迁移。但是传统的城市发展方式已经遇到瓶颈。人类的未来需要更绿色、高效和智能的城市来承载。这便是未来城市文明的发展方向。

未来城市的发展一定是依靠数字化、智能化的手段解决这些难题。让人类生活在更加智慧、和谐、绿色和高效的城市中。

⊙ 什么是智慧城市？

那么究竟何谓智慧城市？智慧城市最早是从美国引进的概念。

第三章　京东创新法则 3：想象力构建未来世界

2008年，IBM总裁兼首席执行官彭明盛在其名为《智慧地球：下一代的领导议程》的演讲中，首次提出"智慧地球"概念。2009年1月28日，时任美国总统奥巴马与美国工商业领袖举行了一次"圆桌会议"，会上彭明盛将"智慧地球"细化，提出"智慧城市"这一概念。与此同时，智慧地球在IBM的推动下也开始进入中国市场，特别是在移动互联网的影响下，智慧城市成为全国近200个城市的发展方向。

2014年，国家首次对智慧城市作出描述性定义❶，并将其列为新型城镇规划的建设内容。2016年之后，国家又对智慧城市重新释义，着重强调了以数据为驱动，以人为本、统筹集约、注重实效的城市建设特点，并为智慧城市的建设提供了明确方向——要以信息共享向依职能共享转变，推进方式逐步形成政府指导、市场主导的格局。在我们看来，智慧城市是一个随着技术和城市发展而不断进化和迭代的概念。现阶段，智慧城市主要是通过信息技术手段支撑城市治理的城市建设。而未来10年内，智慧城市将向技术+模式转变，用技术融合政治、法律、城市管理、产业发展等多维度，并依托技术与制度双向互动，为城市居民提供更优质的生活。

蓝图美好，但要从愿景变为现实，却有着漫长的道路要走。正如京东数科的首席数据科学家郑宇所言："没有人告诉我们怎么变得

❶ 即信息网络宽带化、基础设施智能化、规划设计数字化、公共服务便捷化、社会治理精准化、产业发展现代化。

智慧和智能，路径和方法在哪里。"

从2008年IBM提出智慧城市至今，全球的智慧城市建设依然处于探索阶段。归根结底，智慧城市建设依托的数字化基础设施在全球范围内依然不够完善。举个例子，近十年来技术发展非常快，物联网、云计算、大数据、人工智能、宽带城市、智能制造、互联网＋、量子科技等层出不穷。但是能够被低成本普及的技术依然不多。从全球范围来看，目前也只有中美欧日等少数国家的少数城市具备发展智慧城市的技术基础，而全球更广大城市仍然处于工业化而非智能化的发展阶段。

另外，服务层次发展较低。技术的普及需要时间，政府和一些行业部门的管理能力也同样存在滞后。当技术发展到智能时代，人工智能成为新的生产力，数据成为新的生产资料和生产要素，云计算成为新的生产工具，5G、物联网成为新的生产环境，软件和算法正定义新的生产方式。但部分城市管理者与建设者仍然停留在工业时代的思维模式中。智慧城市发展要走上快车道，需要的是城市管理能力的全方位提升。所以，要发展智慧城市就要解决技术和管理协同发展的难题。

而且智慧城市不只是简单地建设，它更注重的是建设后的运营。只有在规划时充分考虑城市的内生造血能力，才可行稳致远。如何能真正走得远？要有运营的模式，要有内生动力机制。这种运营能力体现在对产业的带动上。智慧城市和建设需要投入大量资金。但是如果不能引入产业实现产出，那么难以持续发展。所以通过数据

第三章　京东创新法则3：想象力构建未来世界

运营、服务运营、产业运营支撑城市中的企业与产业，是智慧城市必须要走的路。

并且智慧城市不是城市的简单信息化。城市发展方式的智慧化，是新一代信息技术对城市的发展范式进行重塑和再造。不是简单地发展城市信息化，把城市运营产生的信息收集起来而已。它要从信息收集中，以技术倒逼城市一些不合理的秩序重新构建。它本质上是创新的系统工程，是一场自我革命般的场景再造、业务再造、管理再造和服务再造，是需要发挥人类创造力和想象力的事业。因此，要用更广义的思维去考虑未来的智慧城市建设。

更为重要的是，城市作为人类生存发展的聚合体。其核心应该是以人为本。过去，城市发展是站在政府侧来考虑居民的需求，未来则需要站在居民的需求侧，来设计智慧城市建设、运营和管理模式。这与我们在上文提到的智能制造的C2M类似。智慧城市要从城市主体出发，读懂公民与企业的需求，以此为切入点来决定城市平台所提供的功能和服务。

要做到这一点，对城市的响应能力提出了更高的要求。这与过去那种各行其是、各自为政的模式有根本不同。过去城市建设过程中，不论大小要推动一项工程或者决议，往往需要聚集10余个部门领导一起开会。因为一个项目往往涉及多个部门，需要领导班子进行协商处理。而未来智慧城市通过数据驱动，整合连接所有部门，可以更高效地妥善处理问题。并能够杜绝一定程度上的官僚主义和因层级划分烦琐导致的低效行政。因此一个敏态系统是智慧城市必不可少的核心。

除此之外，智慧城市还应该是一个可以成长的有机体、生命体和智能体。它能够随着城市发展、居民发展、产业发展而不断演化和生长。这意味着我们必须用生命的观点、发展的观点来看待城市的持续演化。一个智慧城市需要城市大脑，也需要神经末梢，更需要终端的四肢。"核心"是重要的，但是在建设过程中，不能仅仅建设一个"大脑"。还需要通过大脑生长出神经、肺腑、四肢。所以，智慧城市建设是一个逐步发展的过程，需要从系统性的规划出发，在加强顶层设计之余，完善城市躯干，追求持续发展。

正是因为智慧城市建设面临这么多困难与挑战，所以智慧城市的发展不是一蹴而就、一帆风顺的。为了更好地发展智慧城市，一方面要善于运用数字技术实现智能化，另一方面也要通过绣花般的细心、耐心、巧心提升城市精细化管理水平，提升公共服务水平。2020年3月，习近平总书记在考察杭州城市大脑运营指挥中心时特别提到了智慧城市发展的重要性："运用大数据、云计算、区块链、人工智能等前沿技术推动城市管理手段、管理模式、管理理念创新。"

由此可见，智慧城市建设主要分为两个阶段：第一个阶段是建设基础设施，主要是信息化、数字化，利用技术的手段把数据"收"上来。第二个阶段则是建设服务与运营体系，主要是依靠智能化决策，帮助政府解决实际问题。我们正处在第一阶段向第二阶段发展的过程中。

第三章 京东创新法则 3：想象力构建未来世界

⊙ 京东智慧城市

　　国内的科技公司是智慧城市建设的领头羊。比如华为提出了"建设智慧城市的马斯洛模型"。华为认为当大数据、AI、云计算、物联网等新ICT技术日趋成熟，智慧城市将得到大力发展。华为提出了"1+1+N"的智慧城市建设思路，即"一个城市数字平台+一个智慧大脑+N个智慧应用"。其探索已经在益阳、潍坊等城市落地。

　　腾讯也推出了名为"WeCity未来城市"的解决方案。通过打通用户端、企业端、政府端三端，形成服务闭环，实现线上线下的数据互通。

　　阿里巴巴作为智慧城市的重要参与者，从智慧城市大脑入手，提出"城市智能运行中心（IOC）"的解决方案。据阿里巴巴披露，城市智能运行中心（IOC）是以城市数据为驱动的智能化运行、管理、指挥、调度、评价中心，从数据、能力和机制三个方面助力城市精细化治理，为城市治理建立起跨部门的场景、事件、业务、数据等高度协同、闭环处置、全域管理的智能运行体系。阿里巴巴认为该智能运行体系是城市大脑实施落地、快速迭代、持续运营的载体；也是实现城市大脑核心定位"为城市汇聚数据资源，以数据智能支撑赋能行业、实现城市公共资源的优化配置和智能调度"的关键；是城市大脑实现可调度、可运营、可评价的核心所在。阿里巴巴的解决方案已经在杭州、澳门、海口等城市落地。

　　在这股智慧城市的激流中，京东也没有落后，其智慧城市建设方案正在越来越多的城市落地。

雄安新区是京东智慧城市最早落地的地方。雄安新区与京东数科以N+1+X数据管理体系为指导，基于大数据和人工智能技术，建设了城市大数据底层平台——块数据平台，打造雄安智能城市操作系统。根据京东披露的信息，块数据平台拥有五大功能。首先是夯实数字基底，块数据平台全面支撑雄安新区打造数字孪生城市的数据基底，实现数据全域采集汇聚、统筹管理、挖掘分析融合应用。作为雄安城市大数据的实际载体，未来雄安建设的信息化系统将直接部署在块数据平台上。

块数据平台还促进数据融合共享。通过基于联邦学习❶的数字网络技术，块数据平台在保证数据不出库的前提下实现多业务系统之间的数据信息的互联互通；基于用于隐私保护的联合建模机制和多源数据融合算法，实现在保护数据隐私和用户信息隐私情况下的知识共享。

统一数据标准规范。块数据平台通过将采集汇聚的海量城市数据提炼成六大高度抽象的数据模型，实现数据标准化。同时，通过建立统一数据资源目录体系，数据编码管理规范、数据共享管理规范、数据安全管理规范等行业数据标准规范，实现雄安智能城市数

---

❶ 联邦学习2016年由谷歌提出，原本用于解决安卓手机终端用户在本地更新模型的问题。本质上是一种分布式机器学习技术或机器学习框架。目标是在保证数据隐私安全及合法合规的基础上，实现共同建模，提升AI模型的效果。

第三章　京东创新法则3：想象力构建未来世界

据的统一管理。

实现AI智能赋能。块数据平台通过对丰富的数据预处理、特征工程、统计机器学习算法、计算视觉、自然语言处理等通用算法组件，实现开放、组件化的智能算法模块化，赋能智能城市中的各类业务应用。

构建城市开放生态。块数据平台基于开放式架构设计和统一安全管理系统，兼容行业用户以及第三方行业服务商共同开发使用，提供AI算法能力和生态应用接口，合作伙伴可以基于不同的底层云架构和城市感知系统，充分利用平台中的资源和能力，搭建自有的垂直智慧应用。平台通过连接政府、企业和城市居民，帮助城市管理者进行顶层设计，洞察城市历史、掌握城市现状、预测城市未来，构建智能城市的开放生态。

除了雄安新区的项目外，京东智慧城市建设还落地在南通、宿迁、北京亦庄经济开发区、上海市杨浦区等地。

比如宿迁城市数智底座，实现城市状态一网感知、城市数据一网共享、城市治理一网统管，将宿迁打造成特色鲜明的全国中小城市市域治理现代化标杆。其使用的产品为市域治理现代化平台。该平台主要解决宿迁治理现代化中的难点、痛点和堵点，秉承智政、兴业、惠民的宗旨，以数据为引领，AI和大数据技术为手段，横向打通政府部门间壁垒，实现跨业务域的数据共享、业务串联、应用创新，打造高效协同、共享共治的市域现代化治理新格局，实现行政管理集约化、公共服务高效化、城市治理精准化、政府决策科学化，全面提升市域治理的现代化水平。

又比如南通的雪亮工程，在京东"智能城市操作系统"的帮助下，在市级平台建设一套城市操作系统，整合N个部门的业务系统，实现全域数据汇聚、数据治理，智能业务赋能、数据可视化展示等功能，搭建形成一个门户、一套授权、一个体系，利用南通电子政务网"一张网"，实现南通市多个政府部门之间的资源信息的共建、共享、共用。

智慧城市的建设体现了京东用想象力构建未来世界的创新原则。

第三章 京东创新法则3：想象力构建未来世界

重新定义
京东

第四章

京东创新法则4：
高塔与广场并存

英国历史学家尼尔·弗格森❶在《广场与高塔》一书中，阐述了社会发展过程中的两种组织模式：高塔型的权威型模式与广场型的网络模式。这是他在游历意大利城市锡耶纳中心广场时获得的灵感，广场上的高塔代表着垂直式的等级秩序，广场则象征着水平式的网络系统。在人类历史上，高塔模式与广场模式长期并存，它们相互作用、此消彼长，共同推动社会发展。

按照弗格森的观点，高塔模式的优点是，让组织实现规模最大化和效率最优化。但缺点是过度的高塔化导致横向连接不足，让组织缺少平等的反馈和循环，最后使得组织反应迟钝、僵化。而广场式的网络模式，优点是具有极强的连接性，能够促进社会横向的信息传导，缺点是缺少统一的权威，容易让组织走向混乱和无序。高塔模式与广场模式相互作用，构成了社会组织的互动结构。

这种结构不仅存在于社会、国家等组织中，在企业中也显而易见。

京东就是一个鲜活的例子。在京东的组织架构发展史上，高塔型的垂直化管理与广场式的网络化管理相继存在，共同推动着组织发展。

---

❶ 尼尔·弗格森（Niall Ferguson），英国著名的历史学家。代表作有《罗斯柴尔德家族》《帝国》《金钱关系》《大退化：制度如何衰败以及经济如何衰亡》等。

自诞生之初，京东便深深烙上了创始人刘强东的印记。在公司早期发展的过程中，每一个重要的决策都是依靠刘强东敏锐的商业嗅觉作出的。如从线下门店转型电子商务，从3C品类扩展为全品类，从外包物流到自建物流。在这一时期，京东的发展体现了高塔模式的效率与优势。位于塔顶端的领导者，站得更高看得更远，不仅能够辨明方向，还能将意志自上而下迅速贯彻到全公司，推动企业快速发展。上下统一、目标一致、高效率执行，这在企业发展早期，成为极具竞争力的优势。

这一管理模式在中国许多企业家身上都能够找到痕迹。中国改革开放40多年，众多活跃的企业家身上都有着强人印记。高塔型管理模式长期存在的原因是，在传统的组织架构中，企业领导者往往是最懂行、经验最为丰富、商业直觉最为敏锐的人。领导者决策往往能够快速见效，让企业少走弯路。当然这样的管理模式也是存在弊端的。一旦领导者决策失误，将把整个企业引入歧途，严重者会给企业带来毁灭性灾难。

特别是在新经济时代，技术、产品和用户兴趣等要素迭代迅速，相比过去信息传统的传递模式发生了显著变化。仅仅依靠领导人或者领导层的决策，很难再提高企业内部运营效率和应对外部市场变化的敏锐度。广场模式成为不少企业发展的必然。

但遗憾的是，从高塔型向广场型转型的过程中，不少企业都失败了。部分企业在转型过程中，丧失了原本上下一心、高效率的行动力；或者有些领导者抱守高塔顶尖的权力不放，最终网络化的模式只是形同虚设。兼顾高塔与广场双重模式优势的企业屈指可数。而京东是其中做得较好的企业之一。

京东组织架构的创新，是一个从高塔型组织向广场型组织转型，并实现高塔与广场协调互动的过程，可以分为三个阶段。

1.自上而下的金字塔阶段。这一阶段是从京东创办之初到2011年前后，主要特征是以创始人刘强东作为组织的最高管理者，带领团队向前发展，是企业"强人政治"发展阶段。在这一阶段，刘强东带领企业作出了转型线上、拓展全品类、自建物流三大战略决策，让京东的发展走上快车道。

2.自上而下的放权阶段。2011～2014年左右，这一时期，刘强东逐渐引入并扩大高管团队，从金字塔结构逐渐向管理层放权，激活京东创造力，依靠企业集体的力量，推动企业发展。

3.高塔与广场相协调的积木组织阶段。2014年至今，为了适应更激烈的市场环境，伴随着无界零售时代的到来，京东走向一体化开放，提出建立"整合＋组合"的积木型组织，强调支持与协同并重。

这三个阶段严格来说，没有明确的时间划分，而是处于一个不断变化发展的历史过程中。我们所列出的时间阶段，只是方便读者理解。而那些隐藏在时间节点背后的线索，早已在慢慢滋长。

第一节
放权，企业管理必修课

过去信息闭塞，金字塔结构下的企业组织依靠领导人的丰富经验和对行业的清楚认知，可以在大方向上不容易出错。但互联网降低了信息传递的成本，决策的时效性被放大，机会稍纵即逝，如果"能听见炮声的人"无权作出决定，战争必败无疑。放权，是刘强东面临的必修课。

⊙ 引入职业经理人

2004年京东初入电商，上上下下总共不过36人，这批员工大都出身草莽，没有才高八斗的学识，也没有声名显赫的背景，但在刘强东的带领下，可谓指哪打哪，战无不胜。的确，这一时期京东大到公司的战略方向，小到某一产品的当日定价，均由刘强东一人作决策。他每天在银丰大厦的12楼穿梭巡视，对营销方案、产品展示等问题提出意见，指导员工进行修改。刘强东之于企业是英雄，更是精神领袖。但是对于一家逐渐壮大的企业，创始人再把精力放在细节管控上，对于企业的发展没有益处。

一家30人大小的公司，业务版图一目了然，领导者方方面面的事无巨细，成了一叶扁舟驶出港湾的重要保证；当公司发展到300人时，领导者有限的精力想要做到事必躬亲就已显得力不从心。2008～2013年，随着企业规模不断壮大，尤其是自建物流以后员工数量开始急速膨胀，原本两三百人的小船成长为容纳3万多人的巨轮。增长速度不见缓势，职能部门越建越多，这反而成为当时京东的一种负担。

2007年获得今日资本投资之后，京东的发展迎来了快速发展期。随着业务的不断扩大，原来刘强东事必躬亲的管理模式，逐渐与企业发展不相协调。刘强东也意识到了这一问题。于是，从2007年起，京东先后引入严晓青、李大学、徐雷三位副总裁。之后，包括首席运营官沈皓瑜、首席营销官蓝烨、首席技术官王亚卿在内的众多高管，均由外部引入。职业经理人将京东的发展提升到一个新的台阶。原来京东的发展主要靠刘强东一个人的大脑。现在来自商界的精英为企业发展提供了动力。同时，职业经理人的进入，也意味着现代管理体系的建立。分权赋能，成为京东引入人才之后最重要的事。

尽管如此，让被外界称为"独裁者"的刘强东放权并不容易，改变整个公司固有的习惯需要拿出足够的魄力和意志。尽管他在刻意为之，但性子急的他坐在办公室里总是控制不住想插手某项业务；其高管也在惯性的驱使下主动上门请示。一不做二不休，刘强东选择取经哈佛商学院、哥伦比亚大学等学术研究中心，将企业管理交给高管团队。最典型的例子是，2013年京东"6·18"周年庆活动时，刘强东几乎没有再过问过活动准备情况，也没有再盯着流量、订单等数据不放，全权交给CMO徐雷去办。而在以往，刘强东每一年都是亲自上阵。细到页面设计、产品价格设置、营销策划方案等，都事无巨细地掌控。

在赴美求学期间，刘强东更深刻地体会到了领袖的职责与意义。据李志刚所写《创京东》披露，美国教育让刘强东意识到教授提出的90%以上的问题都没有标准答案，提出问题的关键在于启发学生从不同角度思考问题。"开放与多元"是最深刻的知识。作为领袖，企业家要以开放包容的心态，理解包容不同的文化。

这与刘强东原来非黑即白、追求唯一正确答案的思维方式大相径庭。刘强东意识到，要推动京东更上一层台阶，必须激活京东管理层和一线几十万人的头脑，让他们挑起京东的担子、发挥自身的创造力。2014年4月，京东进行组织架构调整。调整后京东集团下设京东商城集团、京东金融集团两个子集团，一个拍拍网子公司和一个海外事业部。刘强东只参加京东集团CXO级别的早会。这意味着京东完成了从金字塔式的管理模式到高管管理的模式转型。京东从"草莽"时期进入"正规军"时期。

将管理交给系统，是放权的第二步。

在管理库存、商品上，京东有自己的一套信息系统。但是在2012年前后，京东却没有系统性的企业管理制度。所谓系统性地管理企业，便是找到企业管理中的根本问题，提出系统性的解决方案，实现企业管理提升。举一个例子，以前，当消费者反馈京东糟糕的购物体验后，京东团队的解决方案是面向个体的，通过为某个消费

第四章　京东创新法则4：高塔与广场并存

者办理退款退货来解决问题。但是这一做法治标不治本，京东需要的是系统性、有规模地解决根本问题，不是出了问题解决一个问题，而是要求提供系统性的解决方案。所以，系统性与制度性是要寻找问题背后的根本原因。通过流程梳理，找到症结的根本所在，以此为依据提出解决方案，建设全新的企业管理标准，促进企业发展。

为什么长期以来，系统性的管理制度在京东内部没有建立起来？这不是因为京东管理混乱，而是因为京东处于高速发展和变动阶段。1998年京东创办，2005年京东商城成立，伴随着中国互联网和移动互联网的飞速发展，京东一路狂奔，从中关村的一间光盘销售门店成长为全国最大的电商平台之一，其成长之快、变化之大，令人侧目。但同时，企业的制度化与系统性管理建设一直未能跟上企业发展的脚步。而在资本和人才引进之后，京东已经能够较好地提升管理，沉淀系统性的管理方式也成为可能。

比如在华东区仓储部分就经历从无系统到有系统的发展。2011年左右，杂乱无章的工作流程使得仓储部门负责人一个人需要面对所有单仓，以及所有对外会议、部门交接等工作。后来，华东区开始搭建仓储运营部，按照业务职能划分部门，利益健全的组织架构确保组织的运作。原来仓储负责人事无巨细全部负责，而到了2013年只关注计划、团队发展、KPI控制、员工发展。这极大地优化了流程，明确了责任。

华东仓储部门的系统建设，实际上也是一个从广场组织走向高塔组织的改变。原来网络化的管理模式导致了责权不清晰，运营混乱。虽然每个人都看上去很忙，但实际上并没有提高企业的运营效率。而通过健全组织架构，形成了高塔式的模式。负责人只抓关键问题，下设的职能部门则负责更细节的工作。另外，一个复杂问题的解决往往会牵扯多个部门。所以降低各部门之间的沟通成本，提升跨部门协作的效率，也是需要考虑的。在建立了一定层级之后，华东仓储部门没有丧失部门间协调的灵活性。效果当然也是显而易见的。2011年左右，华东区仓储500余名员工，每日处理订单几万个。而到了2013年，高峰期日均处理订单增长了7倍，但是人员只增长了两倍。

从引入外脑到系统化管理，京东逐渐完成了从金字塔式的管理模式向更民主化网络化的管理模式转变。但是这一转型只有进行时没有完成时，更深刻的组织创新也随着企业发展接踵而至。

⊙ 积木化组织

世界上并不存在最好的组织形式，而是随着市场、客户的变化，企业的发展，需要不断演进组织形态。在刘强东看来，原来传统科层制组织，以计划、管理和工资为核心，难以支撑创新，难以应对复杂、模糊、不确定的新市场。因此，他在2017年提出要建立积木型的组织形态。

什么是积木型组织？

让我们想象一下乐高积木的样子。乐高积木由许多大小不一的标准化砖块组成，这些砖块可拆分、配置和组装。通过不同的组装方式，拼成不同的造型。而积木型组织就是借鉴了这一原理，将内部组织按照业务环节拆分成不同"插件"，通过个性化组合，满足客户的不同需求。

举个例子，如果消费者在京东商城购买了一台空调，预定了安装服务，送货员在配送过程中，京东物流系统会自动提醒安装师傅，在合适的时间上门为消费者服务。京东打通了商品与服务的底层平台，品牌制造商与售后服务共享信息系统。安装师傅可以同步接收订单信息，实现配送与安装两条业务的耦合协同。这就是两块积木——销售与安装服务的拼接。

这个案例也说明了积木组织的运作模式——整合+组合。

何为整合？整合就是面向消费者、供应商和卖家，借助自身物流、科技、金融、零售的能力，为客户提供一套"一体化的解决方案"，供其挑选。而组合则是在这套解决方案中，可以随意拼接组合。这就如同根据客人口味为其量身定做一份私人订制菜单。

在这一运作模式下，积木型组织的前端离客户最近，能够精准地响应客户需求。而中端是京东各项能力和资源的积木模块，通过产品或者接口的形式开放给前端业务。而后端则是职能积木，它为整个模型提供公共基础设施。这三个层级的积木在运行中不断适配和调整，为客户提供最合适的服务方案。

组织创新总是困难的。对于京东而言，转型积木型组织实际上面临着不小的挑战。首先这意味着进一步的赋能放权，让业务团队更加敏锐和活跃。在上文中我们已经讲到自2012年开始，京东内部已经逐渐从刘强东一人领导转变为高管群集体领导。而积木型组织的搭建更重要的是对一线团队的赋能和放权。

其次，要实现内部平台与前端业务更有效的协作。积木型组织需要让两块甚至多块的积木顺利拼接在一起，这意味着积木之间的磨合与协作需要形成畅通的机制。

再次，京东研发、数据、物流、金融和营销等板块，如何发挥合力，为业务团队提供更强有力的支持。

以上三者，都需要在风云变幻的市场不断地探索与试错。其中最关键的在于第一点：如何激活一线，促进终端模块发展。

京东在物流板块进行的Big Boss尝试就是打造积木型组织赋能一线、激活终端的典型体现。2019年，京东物流板块实行了名为Big Boss的运营方式。所谓Big Boss，就是"划小经营、决策前置"。鼓励一线团队从客户的需求出发去理解公司制定的各项指标，聚焦于最重要和优先的事务。

换言之，京东的Big Boss类似于内部市场化或者阿米巴组织。每一个细小的业务分支皆单独视作一个独立的实体经营，每一位一线负责人作为最接近客户、最了解客户需求的人都是自己的Boss。

按照刘强东的说法，每一个Big Boss就是一个积木。京东希望每一个积木单元自身、单元上下层、平行单元之间和整体组织之间实现高效顺畅运转。只有这样，一个十几万人的大企业才能够足够灵活敏捷，对市场需求保持高度响应。

第四章 京东创新法则4：高塔与广场并存

要理解Big Boss的组织创新，我们需要将其放在京东物流的运营逻辑中去理解。

自从京东自建物流后，京东因为物流的巨大投入，亏损不断扩大。虽然这一举措提升了京东的零售效率和用户体验，但是如果仅仅服务于京东商城自身，很难实现盈利。因为当物流部门作为一个内部部门的时候，它是一个成本中心，而不是利润中心。所以，京东物流不得不面临开放的选择。只有将物流板块开放，吸引外部客户，才能够扩大单量，分摊物流仓储成本，才有可能实现盈利。

而且从集团层面而言，京东物流的对外开放也符合战略转型的目标。京东从科技零售转向零售科技，意味着将向外输出自己的科技能力。而以供应链为基础的技术服务公司正是其重要定位。

要完成这一转型，首先要破除的就是思维定式——原来京东物流近20万员工是服务于京东商城的运营思维，而今要变成服务客户的经营思维。思维模式的差异体现在日常运营中，以往作为京东商城的服务部门的时候，以对接供应商为主，追求统一标准来保证效率。但是现在，在经营思维的指导下，要从客户出发，要为客户解决千差万别的个性化需求。

京东物流首先开启供应链的模块化管理，推出包括解决方案、快递、快运、大件、冷链、云仓和跨境等物流产品。通过不同物流产品模块的组合，来满足商家的个性需求。

而另一个重要措施，便是构建一个灵活敏捷，能够快速响应客户需求的组织。所以，京东在物流板块首先开始了Big Boss模式的尝试。

但是，要让企业管理者理解Big Boss相对容易，但是要让近20万员工理解其含义则面临巨大挑战。京东该如何将这一组织创新推进下去呢？

让一线员工看到收益是最有效的贯彻方式。伴随着Big Boss的推进，京东物流改变了原来的薪酬计算方式，将快递员的底薪调整为提成的计件工资方式。京东内部算了一笔账，对于站长而言，一个站点能够月收入50万元，站长收入就会过万。而对于快递员而言，揽件越多，收入越高。甚至有的业务区域月入2万的快递员数量增长了251%。

而站在公司层面而言，京东物流通过激发20万员工的工作积极性，让每一位员工都具备主人翁意识，为企业的发展创造了活力和激情。

Big Boss的尝试在京东物流板块取得成功，这一模式也被复制到整个京东帝国。

2018年，京东确定了"零售基础设施服务商"的战略定位，开启了从"科技零售"向"零售科技"的转型。一场声势浩大的组织创新也接踵而来。

2019年春节前夕，刘强东在内部公开信中提道："总部将从管理型总部升级为战略型总部，将运营职能下沉，更加关注战略布局及各业务板块的协同发展，更加强化职能服务的平台化建设和推动整个集团的数字化管理，为业务板块的发展提供助力；集团还将进一步授权，业务板块将升级为独立的作战军团，我们将会把更多的能力封装到业务板块中，使业务单元更加专注于自身的经营，让业务单元有意愿、有能力、有条件取得业务发展的胜利。"京东开始向"小集团、大业务"转型。

所谓"小集团、大业务"，就是让业务板块拥有更多决策权，总部从管理变为战略和赋能的角色。京东商城被划分为前台、中台和后台三部分，新成立平台运营业务部、拼购业务部，整合生鲜事业部并入7 Fresh；同时，刘强东退居幕后，徐雷担任轮值CEO。

京东作出这样的变革也是源于内部组织能力下降。徐雷在2019年1月19日的京东商城年会上，严厉地指出京东面临的问题：一是客户为先的价值观淡薄，对外界的反应越来越慢；二是人浮于事，唯KPI论；三是部门割裂，没有统一经营的逻辑；四是没有做好应对竞争者挑战的思想和机制准备。

2019年中国的零售环境已经发生了显著的变化。首先，从消费者的角度而言，"95后""00后"的新生代消费力量崛起，催生了不一样的消费习惯和消费审美。对于这些年轻人而言，消费不再局限于在货架上挑选商品，多元化的消费方式是未来趋势。其次，从业态角度而言，零售不再只是线下门店与线上电商的模式，直播、视频、游戏、社交等都形成了新的交易机会和需求。零售这一概念的内涵越来越广大，与外延的界限也越来越模糊。

这些改变反映在市场上的情况就是，拼多多崛起、新的零售场景层出不穷，但是京东却患上了大企业病。京东2017年营收3623亿元，全年净利润50亿元；京东2018年全年营收4620亿元，净利润35亿元❶。营业收入在大跨步地向前迈进时，净利润却开始缩水。而从京东股价看，2017年京东股价还在平稳增长，并创历史新高，可到2018年，京东股价则出现了持续性下跌。资本市场对京东的前景提出了质疑。

京东的组织变革能够带来改变吗？京东能否渡过难关？

2019年京东净营收为5768.9亿元，净利润107亿。营收与利润双双大涨，体现了京东的韧性和组织变革的成功。

第二节

开放，共建零售生态圈

不论是积木型组织还是Big Boss在物流板块和集团内部的尝试，都是组织内部从封闭走向开放的过程。这些创新试图在企业内部建立一个灵活高效的广场模型，以应对瞬息万变的市场环境。

而这种趋势从企业内部延展至企业外部，也是顺理成章的。企业与企业外部的生态如果不能形成有效的互动，那么企业发展也会大受限制。而京东的对外开放正是与内部变革相伴相生的。

---

❶ 数据来自：京东2017年财报、2018年财报。

我们可以把京东的对外开放分为围绕零售业务的合纵连横，与供应链业务第二增长曲线。

牵头腾讯和联盟沃尔玛，是京东围绕零售业务对外开放的重要举措。

⊙ 牵手腾讯，与社交的联姻

2014年3月10日，京东与腾讯正式宣布战略合作。京东收购腾讯B2C平台QQ网购和C2C平台拍拍网100%权益、物流人员和资产，以及易迅网少数股权和购买易迅网剩余股权的权利。腾讯则为京东提供微信和手机QQ的流量支持，并获得京东15%的股份。

一石激起千层浪。这一消息立刻引起广泛关注。京东与腾讯各交出半条命，双方成为有着"过命交情"的"兄弟"。当时，腾讯是中国互联网行业最大的公司，京东是电子商务与零售行业冉冉升起的新星。两者强强联合，引世人瞩目。

京东与腾讯为什么会作出这一决定？其背后又有何战略？

京东作出这一决定，是应对PC互联网到移动互联网转型的需要。2008年苹果"iPhone 3G"发布，智能手机替代传统手机掀起了一场翻天覆地的革命。2009年中国三大通信运营商齐获3G牌照，智能手机开始在中国迅速普及。伴随3G网络的日益成熟，智能手机市场的规模化以及操作系统的生态完善，互联网正式迈进移动时代。到2012年，中国移动互联网用户数量首次超越PC互联网用户数量，标志着移动互联网时代的到来。

终端的变化改变了网购方式。原本用户只能在特定的时间和空间，端坐在电脑前购物，而自2012年起更多用户可以利用小小的手机屏幕随时浏览商品并点击购买。这种变化重新定义了电子商务。

在行业的风口上，京东急需从PC端向移动端迁移。但是当时的京东不论是在技术上还是流量上，都难以与竞争对手匹敌，如果再不加快发展，很可能被竞争对手甩下几个段位。所以，对于京东而言，需要借助外力来实现追赶与超越。

就在这时，高瓴资本的创始人张磊出现了。作为国内最著名的投资家之一，张磊早在2010年就向京东投资3亿美元，成为当年中国互联网最大单笔投资。而在2012年，当京东在移动互联网浪潮前发展吃力的时候。张磊又为刘强东献上一计：收购拍拍、易迅，联手腾讯。

对于京东而言，腾讯确实是最佳的合作伙伴。当时的腾讯不仅拥有强大的技术实力和产品实力，更重要的是手握微信和手机QQ两大移动流量端入口，其用户数在当时接近10亿。如果能联手腾讯，无异于如虎添翼。

而当时，腾讯也需要一个精通电商和零售的合作企业。早在2006年，腾讯就上线了C2C网购平台拍拍网，并一直试图在电商领域打开局面。但是受限于企业基因和战略，一直没有将电商业务板块发展壮大。腾讯的主营业务集中在社交与娱乐，骨子里是产品思维和to C的基因。对于电商零售这些需要强大供应链管理的业务而言，有着天然的短板。让京东来接收腾讯内部鸡肋的电商业务，获得京东的部分股权，不失为一种双赢的做法。

京东与腾讯的"联姻"，经过了漫长和艰难的谈判。但在当时这依然是最符合双方战略利益的决策。"郎有情妾有意"，最终实现了联手合作。而从现在来看，两家互联网企业更是实现了双方共赢。京东不仅拿到了腾讯的电商业务，更得到腾讯的鼎力支持，拿到了移动互联网时代的流量资源。而腾讯则成为京东第二大股东，分享了京东发展的利益，巩固了自己在移动互联网时代的江湖地位。

回到最初牵手的时候。对于京东而言，最困难的不是谈判而是如何将腾讯电商部门与自身业务融合。腾讯是典型的产品经理企业文化，强调创造力，在管理上其自由度更高，追求精致的用户体验。企业内部为了能够创造出更受欢迎的产品，往往鼓励实行赛马机制，让不同团队相互竞争。这一套企业文化与管理模式与京东大相径庭。虽然同样注重用户体验，但是京东更注重效率，看重团队执行力。举个例子，如果让京东搞赛马机制无疑是对资源的浪费和团队的内耗。对于电商与零售而言，只有能够快速将产品与服务交付到消费者手上，才是最正确的事。而赛马会让这一指标大打折扣。因此在外界看来，腾讯更像是雅典，文化璀璨；而京东更像是斯巴达，纪律严明。两者没有绝对的优劣之分，只是基于不同的商业模式和主营业务沉淀下的文化使然。

商业史上有太多并购案件最终因为双方的文化与基因不和，走向了失败。比如2009年盛大收购酷6网，最终因为转型UGC失败，高管层频繁调整，最终走向失败。又比如2010年底国美收购库巴网❶，作为当时家电网购平台，库巴在被收购后创始人离开，90%以上的库巴员工被裁员，最终导致收购失败。京东能否避免重蹈覆辙，实现最终的并购成功？

稳定军心是京东最先做的事，特别是稳定腾讯电商业务的员工。为了减少并购给团队造成的损耗，京东当时承诺不解聘、不降薪，给所有留任的员工给予签约和留任奖励。这让绝大部分腾讯电商业务板块的员工都选择了留下。随后，京东凭借积累多年的电商和零售经验，很快将拍拍网、易迅等部门打通了前端入口与后端供应链，让其成为京东整个零售业务的重要组成部分。

在这一过程中京东发挥了"高塔"和"广场"的双重优势。所谓高塔，体现于京东在电商和零售的管控上。京东借助自身在电商领域的经验与优势，帮助拍拍网打通了业务板块，梳理了后台。原本如库存、供应链等在腾讯内部难以做到的事，在京东的加持下能够快速解决。而广场则体现在更包容开放的企业文化。在保留和尊重原有团队的前提下，让其软着陆，更和谐地融入京东的组织体系中。

融合团队是第一步，更关键的是借助腾讯的力量，实现在移动互联网时代的快速发展。

京东首先承接了来自腾讯的大量流量。京东接入微信、手机QQ这两款社交平台，触达近10亿的移动互联网用户。根据京东2015年

---

❶ 2010年底，国美电器以4800万元购入库巴网80%的股权。2012年5月，再斥资1200万元收购库巴网剩余20%的股权。

Q2财务数据显示，新增用户中有超过20%来自微信和手机QQ渠道。其次，京东与腾讯合作，制定了"品效合一"的数字营销解决方案。以品牌推广为主，兼顾转化效果。包括对常规广告和场景广告相结合，挑选合适的渠道进行全场景投放，触达更多消费者。比如腾讯视频根据京东的品牌诉求，以及结合节目内容和受众，拓展购物场景，向观众传递京东年轻化的品牌形象。最后是数据融合，通过打通腾讯与京东的数据壁垒，通过用户行为分析，还原消费者的用户画像及品牌诉求，然后定制化地满足消费者需求。

这三个合作方向层层递进，需要企业之间深度互信。京东的开放心态，决定了与腾讯合作的成功。

京东并购腾讯的电商业务之后，也开始以零售与电商为核心，逐步投资相关公司，通过资本+业务合作方式，建设零售生态圈。

特别是在2015年之后，京东的投资行为陡增。截至2021年，投资金额超过2000亿元，300余家公司。如先后投资了电商公司易车、易鑫集团、途牛、寺库、1号店、爱回收、天天果园等；投资了线下零售企业永辉超市、见福便利店、五星家电、国美零售、迪信通等；投资物流公司达达集团、跨越速运、福佑卡车、中国物流资产、ShadowFax等企业。

这些投资构建了合作共赢的零售生态。如京东投资入股唯品会产生了协同效应。2015年左右，唯品会是排在京东、阿里巴巴之后的第三大电商公司，其主营业务是服饰、美妆等品类产品。入股唯品会弥补了京东在服饰、美妆品类上的不足，对吸引更多女性用户，拓展电商领域的护城河起到了重要作用。又如京东收购达达集团51.4%的股权，是为了补充京东线下短途配送的短板，毫无保留地将京东到家和达达集团合并，将即时配送业务整合升级，构成了京东整个物流体系的重要一环。而京东投资中国物流资产，是为了建设覆盖全国的仓配网络。中国物流资产公司主要从事物流设施、物流园区开发，两者合作对于建设覆盖全国的物流网络起到巨大推动作用。

在这所有的投资与合作中，投资1号店与沃尔玛合作，是一个重要的里程碑。

⊙ 结盟沃尔玛，打开O2O缺口

2016年6月，京东与沃尔玛宣布战略合作，沃尔玛入股京东，作为战略投资方获得其5%的股权，京东则接手沃尔玛旗下1号店的品牌、网站和App等主要资产。同时双方将围绕供应链展开合作，沃尔玛线下门店将全面接入达达集团。

作为全球最大的零售企业，沃尔玛一直是行业的标杆。刘强东不止一次在公开场合称赞沃尔玛的效率与消费体验。而京东与沃尔玛的结盟，是全球零售巨头与中国著名零售电商的牵手，双方之间有着实打实的利益链接。对于京东而言，愿意以5%的股权接收1号店，主要是为了拓展商品品类，1号店以销售副食起家，在日化、饮料等品类上优势明显，能够在一定程度上弥补京东的短板，特别是对低频的3C家电业务进行补充。另外，1号店的根据地在长三角地区，而长三角正是阿里巴巴等主要竞争对手的优势地区，京东利用1号店能够让自己的弱势地区的业务得到巩固与发展。

而对于沃尔玛而言，1号店的运营并没有取得理想中的成绩。由于在中国沃尔玛不能建设如同美国一样的供应链网络，1号店的效率优势难以匹敌国内电商巨头。同时，长于线下门店运营的沃尔玛也缺乏线上电商经营的经验，特别是在中国这样一个竞争异常激烈的社会中，沃尔玛的1号店发展较为缓慢。沃尔玛用1号店交换京东的股权，不仅能够获得财务上的收益，更重要的是获得了京东巨量的线上流量加持和自建物流系统对线下门店的支持。

而从竞争环境来看，京东与沃尔玛的合作，背后是传统零售的转型与突围。作为全球最大的零售企业，自亚马逊等电商平台崛起以来，沃尔玛一直处于被动防守的状态。沃尔玛2016财年营收4821亿美金，是亚马逊的4.5倍，但是相比于2015财年却下降了0.7%。而且其市值也在2015年被亚马逊超越。面对日益严峻的市场形势，沃尔玛也在锐意求变。另外，当时零售行业的合纵连横已经是大势所趋。在国内，阿里巴巴先后入股三江购物、高鑫零售、百联超市等企业；而在国外，亚马逊圈子收购了全食超市。所以京东联手沃尔玛也是竞争环境更为白热化的表现。

合则两利，斗则两伤。京东与沃尔玛的合作，让原本的竞争对手变为了坚实的盟友。

其实在一年之前，京东与沃尔玛的合作就已经开始，当时山姆会员店入驻京东。通过沃尔玛，京东也可以获得更丰富的进口商品，扩大与竞争对手的差异化产品。到2016年这种合作得到空前加强，年底沃尔玛又以10.1%的持股比例成为京东集团第三大股东，次年7月，双方宣布共同实施用户通、门店通和库存通的"三通"战略。所谓用户通，即京东与沃尔玛将各自的用户导入对方平台，实现线上与线下相互导流。门店通，则是沃尔玛的店铺入驻京东平台，沃尔玛的门店成为京东到家前置仓。库存通则是指双方的后台系统打通，实现线上与线下订单和结算流转。

具体而言，2017年京东与沃尔玛携手创建了"88购物节"，以促销活动为桥梁，打通线上与线下的链接，为消费者创造无缝的购物场景。消费者在沃尔玛的线下门店购物，通过二维码扫码就可以领到京东商城的优惠券。这些优惠券又能够在京东商城、京东平台的沃尔玛官方旗舰店等线上门店进行消费。这样让线上的消费者与线下的消费者实现互通，完成了用户流量的相互转化。消费者在京东平台上的沃尔玛旗舰店下单后，系统会进行自动判定，选择最优路线的沃尔玛门店，为消费者进行配送。据京东和沃尔玛披露，2017年8月8日0点至24点，沃尔玛官方旗舰店、沃尔玛全球购官方旗舰店、ASDA全球购官方旗舰店三家店铺的总销售额创新高，对比之前较高日销售额高出13倍。同时，京东到家沃尔玛当天订单量比7月日均增长超过200%。

"88购物节"展现了双方合作的无限可能，仅一年时间全国就有200家沃尔玛线下门店上线京东到家。其中，山姆会员店在开通京东到家之后，实现电商整体销售额同比3倍增长；山姆全球购旗舰店从美国山姆直接采购商品，补充京东平台的商品品类；山姆会员店也可以通过京东到家平台有效触达更多潜在会员，令其成为实体门店的获客渠道之一。

到2021年，京东与沃尔玛的合作进一步深入。特别是跨境电商领域，京东正在帮助沃尔玛的跨境电商平台招募中国出口卖家。

长期以来，在跨境电商领域亚马逊一家独大。其平台上活跃着超过800万卖家。沃尔玛的跨境电商作为后起之秀，要达到能够与亚马逊分庭抗礼的地位，少不了与具备电商和供应链优势的中国企业合作。而京东恰是不二之选。

京东在中国密布精耕的物流网络，可以作为"中介"对接沃尔玛与中国商家。通常情况下，沃尔玛要求供应商将产品先送至自家配送中心，再由沃尔玛将订单发给终端客户。但是受限于中国卖家与沃尔玛配送中心之间的距离限制，沃尔玛允许京东的店铺在保证时效和产品要求的前提下，从中国直接发往终端客户。

京东在服务中国卖家的同时，也借助沃尔玛进入北美消费市场，这与京东在全球的供应链布局相得益彰。当下，京东正在积极拓展海外供应链业务，已经在印度尼西亚、泰国等东南亚国家初步建立了物流配送体系。比如在2020年，京东就投资了"大健云仓"，这是一家大件商品出口的B2B平台，其业务在国际零售渠道管理、跨境物流、海外仓配服务等环节具备较强的实力。所以，帮助沃尔玛旗下的跨境电商平台，正是京东全球供应链战略的又一布局。

京 东 创 新 法

京东与沃尔玛的合作，是京东从内部广场化走向外部广场化的表现之一。外部广场化，就是将原本的竞争对手，变成紧密相连的合作伙伴，通过连接零售生态的命运共同体，来推动企业的发展。封闭让组织衰败，而开放让组织生长。

第三节
共享，供应链连接商业

⊙ 一体化供应链服务

提到京东的对外开放就不得不提供应链开放。这是京东将自身的创新能力服务于社会的典型代表。它是将京东自身的广场效应借助京东生态圈向外扩散，服务社会企业，实现社会整个物流行业的发展和降本增效的例子。

京东物流发展至今，经过了三个阶段：企业内部物流部门—独立运营的物流企业—全面对外开放的一体化供应链服务商。这三个阶段是从内到外、逐步开放的过程。京东物流曾经只是服务京东商城的一个下属部门，从2016年开始以品牌化运营的方式对外开放，到了2017年4月，随着京东物流子集团成立，京东供应链全面开放对外客户服务，正式完成了企业内部物流部门向独立物流企业的初

第四章　京东创新法则 4：高塔与广场并存

步转型。2018年，京东物流升级为供应链服务商，为企业提供一体化供应链服务，用一揽子物流解决方案和增值服务帮助企业降本增效。

何为一体化供应链？

传统的供应链服务只是提供单一环节服务。而一体化供应链是以供应链为基础的解决方案，服务方在仓储物流、末端配送及其他增值服务上都有所涉猎，据客户多维度的需求提供不同服务。对于京东而言，一体化供应链服务，就是将内部沉淀的供应链实力开放给外部企业，让他们能够借助京东供应链能力与科技能力实现全供应链的智能升级。

对于市场而言，一体化供应链将推动社会物流降本增效地发展。根据国家统计局数据，2020年我国物流总规模为14.9万亿元，占GDP比重约14.7%。在庞大的业务诉求下，我国第三方物流取得了长足的发展。根据灼识咨询数据，2020年我国外包物流渗透率达到43.9%，市场规模达到6.5万亿元。随着零售市场日趋饱和，特别是生产制造业得到技术赋能，一体化供应链在降低全渠道成本、加速资金回流、提高利润方面具有巨大作用成为企业共识。

供应链服务是一个充满机遇的巨大市场。

除了京东之外，一体化供应链服务商还包括服务汽车行业的安吉物流、一汽物流，服务工程机械等行业的外运股份，服务家电、家居行业的日日顺、准时达、苏宁物流等企业。但是这些企业的市场占有率都很低，绝大部分公司只占1%以下。而且由于客户个性化需求强，造成服务标准化程度低，难以复制，因此规模效应不明显，导致行业的集中度较低，这是行业长期存在的痛点。

但是就京东披露的数据显示，2020年京东物流的一体化供应链收入超过七成来自内部客户，外部客户收入只占到三成。京东物流依靠"算法优化+数字化"吸引了一批外部头部客户，根据京东物流招股说明显示，2018～2020年，公司外部一体化供应链客户数量分别为32465家、39926家和52666家，客户群拓展十分迅速。到了2021年三季度，京东物流的外部客户收入占比已经超过50%。

京东能够在3年时间内实现外部客户收入占据50%以上，依靠的是核心竞争优势：仓配体系和算法技术。

建设覆盖全国的仓配体系需要企业大量投资。而且越早建立越可以占据优势位置，毕竟每座城市适合仓库建设的最优区位是极度稀缺的资源；同时，仓库的管理也需要长达数年甚至十余年的经验沉淀。这两者都构成了京东的核心竞争力，难以被其他竞争对手复制和超越。这套完备细密的仓配网络体系，构成了京东深厚的护城河。

京东物流的科技能力也不能小觑，2021年，京东物流陆续发布三代"天狼"仓储机器人、第五代智能快递车。同时，京东的智能管理和销售预测能力遥遥领先，在服务B端企业提升周转率上，具有相当的竞争优势。

除此之外，京东物流的供应链开放是建立在京东生态圈开放的基础上的。自2015年起，京东在线下商超、电商、物流、社区团购等领域有针对性地展开密集投资和收购，打造了欣欣向荣的生态圈。

第四章　京东创新法则4：高塔与广场并存

京东集团重点投资/收购事件

涉及领域	时间	公司	公司简介	投资/收购情况
汽车金融	2015.01	易鑫	领先的互联网汽车交易平台	以认购易车新发行普通股的形式向易车投资共计约11.5亿美元
超市	2015.08	永辉超市	中国领先的大型超市运营商	43亿元持有永辉超市10%的股份
	2016.06	沃尔玛1号店	开创中国电商"网上超市"先河	收购1号店平台(包括1号店品牌、移动应用程序及网站)
通信	2017.08	中国联通	中国电信运营商	出资约50亿元现金认购中国联通的若干非公开发售股权
电商平台	2017.12	唯品会	中国在线知名牌折扣零售商	截至2020年底,京东累计投资约6亿美元现金购买唯品会A类普通股
地产	2018.01	万达商业地产	领先的商业地产开发商、业主及运营商	京东投资人民币50亿元向万达商业地产购买现有股东股权
	2018.05	ESR集团	亚太区领先的物流地产平台	京东物流向ESR集团(易商红木)投资3.06亿美元
新零售	2019.04	江苏五星	中国家电零售业前三强	以12.7亿元向佳源创盛购买五星电器46%的股权;2020Q2,通过转换10.2亿元贷款并承担卖方所欠江苏五星的债务4.28亿元,进一步收购江苏五星54%的股权并全面合并江苏五星

涉及领域	时间	公司	公司简介	投资/收购情况
新零售	2019.07	迪信通	中国最大的手机专业连锁企业	以2.1亿港币现金方式购迪信通约9%的股权
	2020.05	国美零售	家电、日用品等零售连锁企业	京东集团宣布战略投资国美零售（00493.HK），以1亿美元认购国美零售发行的境外可转债
物流	2020.06	达达集团	领先的本地即时零售及配送平台	达达集团于纳斯达克上市，京东持股51.4%
	2019.05	新宁物流	进口保税货物和外商货物仓储	宿迁京东振越以3.76亿元的价格获得新宁物流10%的股权，成为新宁物流的第二大股东
	2020.08	跨越速运	提供航空货运、限时速运等服务	以总对价约30亿元收购跨越速运现有股份及其新发行股份
二手交易	2019.06	爱回收	线上二手电子产品交易平台	京东旗下二手商品交易平台"拍拍"与中国最大的电子产品回收平台"爱回收"进行战略合并，京东领投爱回收新一轮超过5亿美元的融资，成为爱回收最大股东
社区团购	2020.12	兴盛优选	领先的社区团购电商平台	投资约7亿美元购买兴盛优选新发行的优先股

资料来源：京东集团年报、公司公告、安信证券研究中心。

第四章　京东创新法则4：高塔与广场并存

借助两大能力，加上京东生态圈，京东物流在保证客户个性化需求的同时，加速标准化模块的打造。不仅能够形成与客户的深度绑定，还能够在特定行业内快速扩张。

2015年8月，京东对外发布了服饰鞋帽、数码通信、食品酒水、美妆护肤四大行业的供应链解决方案，并且逐步为十大行业从商品的预售期、热销期和滞销期提供全生命周期的服务。这一服务以仓配服务为基础，包括从工厂到仓库的头程运输服务、从入仓及出库到终端消费者的多级仓配服务。

⊙ 开放物流，连接商业

安利是美国著名的消费品公司，主要销售营养保健、美容护理等产品。1995年进入中国市场，目前中国已经是其全球最大的市场。2017年，京东物流与安利展开合作。京东物流为安利自有移动社交电商平台"安利云购"提供华中、华北、东北、西北四大区域的智能仓配一体化供应链解决方案，通过一盘货管理，为安利解决库存问题。2018年，京东物流承接安利在全国所有成品的仓储物流业务。随后，京东物流又为其打造商品布局、销量预测、智能补货与调拨系统、库存健康诊断系统等定制化方案，全面承接安利的供应链分销计划工作。2020年则开始为安利提供售后维护的解决方案。根据京东物流官方微信介绍，截至2020年第一季度，安利成品物流费用节约10%以上，现货率提升至99.5%以上，产销协同实现库存周转天数降低40%以上，分销计划运营效率提升1倍。

安利的案例代表了京东物流在快消品中的解决方案。快消品周转速度较快，最大的难点是库存管理。企业如果能实现更高的运营效率和存货周转率将会大大提升企业运营效率。京东是通过一体化供应链物流服务，依靠人工智能和数据分析，帮助其预测订单并据此管理生产及储存。

又如在服饰行业，服饰行业的供应链管理面临SKU数目庞大、配送层级多、季节性特征明显、终端客户响应频繁等挑战。相比于快消品需要的解决方案更为复杂。而且在无界零售时代，全渠道销售模式要求企业能够有效地管理线上线下销售库存，其难度不小。

京东物流2016年就与李宁在华北地区打造仓配一体化项目。完成了B2C/B2B业务在供应链端的融合、库存共享和同仓运营。实现存储效率提升2倍、面积减少8%，每年物流成本下降150万元。

在食品领域，京东物流与徐福记建立了深入的合作。2018年，徐福记与京东物流打造了全新的仓储物流模式——"无界工厂"，京东物流去掉中间仓环节，直接连接生产商与消费者，解决了徐福记呈味空间手工短保产品物流配送的痛点，将原本只能在东莞销售的商品送到了更大范围的消费者手中。2021年，京东物流又帮助徐福记东莞智能工厂搭建了数智化体系。包括对仓库数字化月台、月台智能调度、车辆无感进入和智能引导、运单合同电子化等智能化管理，提升了园区仓库与司机的调度效率。同时，5G智能物流园区创新技术已经在仓储园区完成场景化应用。截至2021年上半年，徐福记东莞园区总仓发运业务100%实现了线上协同、智能调度和全程跟踪。东莞总仓向全国分仓的转运业务，已经实现了100%的无纸化交接，完全实现通过区块链平台进行物流电子签收。

在汽配行业，京东物流为戴姆勒、冠盛股份、北汽集团等汽车企业搭建完善的供应链计划体系，包括升级库存计划体系，优化仓储运营管理、提高零配件配送效率。2021年京东物流又与沃尔沃汽车签署战略合作协议，双方将携手打造中高端汽车售后一体化供应链服务，围绕供应链仓网规划、库存管理、末端配送等领域展开合作。在家具家电领域，京东与九牧集团合作，2021年4月，正式落地第一个前置RDC-华东地区RDC仓，后续将前置RDC打造成BC同仓与一盘货管理，打通线上线下全渠道库存，为整个行业供应链数字化问题探索出解决方案。在京东的传统优势行业3C电子上，京东物流与苹果、惠普、联想和小米等企业合作，提供了软硬件、数据、售后以及智能解决方案。不仅能够以专业的运输和配送能力确保产品及时安全送达客户，而且能够满足产品的维修、回收、折旧等相关的物流需求。

这些案例，让我们看到了京东物流走向开放服务社会的行动。伴随着京东物流的发展，供应链开放还将扩大服务范围，为社会贡献更多基础设施化的服务。

新冠肺炎全球疫情的暴发和持续刺激了供应链升级变革。对于京东物流而言，是更进一步开放的巨大机遇。

京 东 创 新 法

第四节

文化，凝聚高塔的黏合剂

在京东的发展道路上，刘强东似乎从来没有手足无措过，因为京东有着自己的文化，所以不怕走上歧途。京东文化是它走上良性发展的"指路牌"，京东能有今天的稳定发展是与企业文化分不开的。事实证明是刘强东本人造就了京东的企业文化，打造了一个难以打败的商业模式，而这个早就适应商业模式的企业文化才是京东真正的核心竞争力。

⊙ 我的文化就是京东的文化

胡夫金字塔约建于公元前2585年，由大约230万块石砖堆砌而成，历经4000多年雨打风吹却始终矗立在尼罗河畔。如果我们把金字塔看作是一个组织，那么这些垒叠的石砖就好比构成组织的众多成员。每块石砖并非一模一样，凹凸不平的表面犹如个体间的差异，因为这些差异的存在，造成了组织间的空隙，如没有一个"柔软的东西"去填补，整个组织实际上会处在一个极不稳定的状态。对于金字塔来说，柔软的东西是指细腻的沙石；对于组织来说，就是常被提到的文化。

国家是组织常见的一种表现形式，古今中外无数胜败兴衰，王权一次又一次的轮回交替。有的国家能长治久安，在历史的画卷中留下一笔浓墨，有的国家却昙花一现，匆匆上场又匆匆下台。中山国是春秋战国时期位于赵国北部的一个蛮夷小国，起源于戎狄部落，在诸侯分封割据的夹缝中谋求生路。虽然自身实力不足，又因民族不同被中原各国视为重敌，但在战乱年代，中山国却顶住压力顽强存活了一百多年，其间曾一度被魏灭国又积蓄力量完成复国，这离不开百姓的支持。反观统一六国的秦，开创了我国首个大一统封建王朝。可秦王苛政，严立法而重徭役，不顾民生福祉与社会氛围，强调依靠严酷的律法把不同个体约束在一起。远观是层级分明的社会各司其职，近看则是千疮百孔的组织若即若离，所以秦王朝从建立到覆灭不过15年时间。如果没有统一的价值观把人民紧密地凝聚在一起，再强大的国家也只是虚有其表，即便没有遭受外力的冲击，也会从组织内部自行瓦解。国家如此，企业亦如此。

第二次世界大战后，日本经济迅速增长，涌现出了诸如三菱电机、索尼、丰田、富士等大批具有国际竞争力的企业。美国管理学家威廉·大内（William Ouchi）通过研究发现，日企员工对企业拥有一股发自内心的参与意识，它不是来自规章制度或其他考核指标，这种独特的管理方式即为企业文化。

如果把制度看作企业管理的硬件，可以将员工的行为限制在规定的道路之上，那么文化就是无形的软件，在高处指挥着员工步调一致地向目标奋斗。每个企业都有自己的文化，或是受内外因素影响自发形成，或是企业有意识地引导和塑造，这是企业在发展过程中积累下的固有特征，只不过有的企业将它总结提炼后固化下来，而有的企业还在懵懵懂懂中遵循着某一不可言说的规律。

纵观中国现代商业史不难发现，在任何一家顶级企业身上都或多或少地可以看到其创始人的色彩。比如我们提到华为时会想到任正非雷厉风行的军队作风，谈及阿里巴巴时会想到马云卓有远见的视野格局。对京东来说，创始人的色彩有过之而无不及。

"京东"的"东"的确是"刘强东"的"东"，在第十六届北大光华新年论坛上，刘强东曾直言不讳："作为初创公司，如京东这样的公司，一定是我的文化就是企业的文化。"在初创时期京东上下只有刘强东一位员工，这家企业也更像私人财产，他自己的行事作风就是之后京东在工作中所奉行的基调。"诚信，客户为先，激情超越，学习，团队精神，杜绝浪费"是京东最早提出的核心价值观，六个词组长短不一，有动词、有名词、有形容词，它们不像是精挑细选后凝炼而出的企业文化体系，更像是一个刘强东的个人缩影。

以"激情超越"为例，刘强东曾在主题演讲中公开表示："激情是人生最大的生活态度。没有激情的人，就像行尸走肉，甘愿平庸，不知道为什么活着、为什么死了，也不知道从哪里来、到哪里去。一个有激情的人，不管成功还是失败都是一种财富和经历。"因为出身寒门，一家五口人靠父母在运河上跑船维持生计。一次外婆在上海亲戚那里得到了几个"珍稀"水果，为了让在市里读书的孙儿吃到，外婆走了十公里的路，坐了三十公里的车，才把一只梨子送到刘强东手上。改善家里的经济情况，让全家人过上好日子，是刘强东一直保持激情的原动力。在步入大学殿堂后，刘强东在课余时间一直"折腾"，探求创业道路。最开始是抄信封、倒卖图书，之后自学计算机编程给人制作系统软件，还在学校西门收购了一家餐馆做起了川菜。虽然最后的结果不尽如人意，但可以看出刘强东一直对生活抱有激情，没有把自己限制在一个范围中。

刘强东对创业的激情，也在创办京东多媒体后传递给了团队其他人员。中关村的一个柜台招不来什么高精尖的人才，愿意加入的都是一些和刘强东一样的草根。不到千元的薪酬，每天从早干到晚，员工却乐在其中。有时订单突然爆仓，大家就像打了鸡血一样连夜从床上爬起来跑到库房加班。刘强东也把办公室当作住所，没有上下班的概念，困了就打地铺眯一会儿，起来继续工作。整个团队完美地践行了办公室柱子上贴着的四个大字——战斗！战斗！

有员工把在京东的拼搏比喻为"身在地狱，心在天堂"，高强度工作造成的身体疲劳无法避免，但在团队文化氛围影响下内心却十分满足。京东的快速发展为团队带来了源源不断的挑战，新鲜感刺激着员工激情的释放，并逼迫其更快地提升自己，即便有人想混日子，也会被周围的情绪所感染。企业文化的凝聚作用可以把员工与企业紧密黏合在一起，形成一股强大的向心力，推动企业的发展壮大，员工也在此过程中开阔了视野，收获了成就感，愿意去投入更多的精力在工作上，形成良性循环。

再聊"诚信"，这不仅是刘强东的为人之道，也是京东集团的为商之道。一个人的价值观在形成之后，除非遇到重大的刺激，否则不可能或者很难去改变。刘强东在成长路上得到了正确的价值引导，所以即便在创业过程中屡次被人欺骗，他依然坚守自己的诚信。今日资本的创始人徐新在初次见到刘强东时，对他产生的第一印象是"这哥们儿挺有诚信"，为京东之后的融资提供了许多便利。

"我认为企业第一个社会责任就是要为行业、社会创造价值，比如说我们不卖水货、假货，不逃税漏税，不行贿受贿，遵守这个社会最严的社会道德标准。如何让无数年轻人相信正道是可以成功的？我们希望京东能证明这一点，我相信能够影响很多年轻人。如果大家都有这个信仰和信念，未来的中国肯定会好很多。"❶京东的成长依靠的不是背景和资源，诚信是它唯一的立足之本。"京东赚的每一分钱都是干净的"是刘强东引以为傲的事。坚持恪守诚信的企业价值观，使京东持续赢得尊重和顾客的信任，也成为它无法被轻易撼动的根基。

⊙ 防止文化被稀释

一个和尚挑水吃，两个和尚抬水吃，三个和尚没水吃。这则中国家庭耳熟能详的寓言故事，揭示了企业经营中普遍存在的一个问

---

❶ 新浪财经. 刘强东：走正道是可以成功的 希望京东能证明这点[EB/OL].（2017-04-18）. http://finance.sina.com.cn/chanjing/gsnews/2017-04-18/doc-ifyeimqc4572288.shtml.

题。许多公司在只有10个人时，极具活力和能动性，每个成员都能将自己100%的能力与热情投入工作之中；等规模进一步扩大达到100人时，每个人能贡献出的力量只有90%；当成长为1000人的大企业时，个人产出可能连80%都不足。人员扩充带来边际收益递减，公司发展也随之陷入瓶颈，京东也不例外。

2004年初入电商，京东上上下下总共不过36人，这批员工大都"出身草莽"，没有才高八斗的学识，也没有声名显赫的背景，但在刘强东的率领下，可谓指哪打哪，战无不胜。2011年，京东已发展成拥有14个职能部门、6个业务大区的大企业。随着京东商业版图的不断跨越，人员规模的持续扩充，京东的动作却越来越迟缓，原本创造出的优秀文化氛围却在被慢慢稀释。

前文有提到，京东的企业文化来自刘强东，而文化的最佳培养方式是耳濡目染地浸润。早期刘强东每天在银丰大厦的12楼穿梭巡视解决问题，个人价值被身体力行地展现在团队其他人眼中，在这种工作环境中，员工也自然而然地接受了京东的企业文化。另外，创业阶段的京东经常加班，有时工作太晚刘强东就招呼大伙一起喝酒吃饭。甭管是小酒馆还是大排档，只要在酒桌上，日常的摩擦，工作的难题，生活的苦难，都能敞开心扉无话不谈，而刘强东张口闭口的"兄弟们"也能让员工的心热乎很久。队伍被刘强东的人格魅力所感染，无需制度的约束，也不用KPI的鞭策，每个人都拼尽全力向着同一个目标玩命地奔跑。

"今天的京东已经飞速地壮大，大到已经没有地方可以容纳我们开一次全体员工的会议。"金字塔越垒越高，顶端的影响力在基层却越来越弱。创业阶段的行事风格在中层、基层处逐渐淡化，主动承接工作的人越来越少。虽然京东曾引入职业经理人，但"空降兵"想要短时间内管住手下的上万人，也并非那么容易，反而阻断了老员工与刘强东之前建立的联系。以前员工有什么问题，都能直接给刘强东打电话、发邮件反映，刘强东也会悉数回复，这让他们感觉得到了尊重。职业经理人引入后，整个企业开始按照严密的系统运转，哪些问题该向谁汇报也有了明确规定，进一步拉远了刘强东与大家的距离。曾经在一张酒桌上聊天聊地的几个人，现在别说是喝酒，就连见一面都不容易。

未来京东将何去何从，这是刘强东终日思考的问题。过去十年时间，京东在电子商务领域积累了庞大的消费群体，建立了雄伟的商业帝国，在电商市场整体增速放缓之际，他把关注点投向了内部管理。刘强东希望能从企业中抽出身来，重新梳理企业文化，将它固化成概念自上而下地执行下去。

这并非易事。企业文化是企业内部精神价值的总和，反映了企业最深处的思想价值及由此延伸出的行为，不是选几个关键词到处张贴、找几句口号随意喊喊就能满足的。一定要以企业自身的特质为出发点，得到一定拔高之后，在全体员工内部贯彻实施。因此企业文化建设最忌讳凭空模仿或失之偏颇，脱离了企业特质的文化只能是空中楼阁，在短时间内可能风风火火，却无法成为企业长久发展的支撑。

第四章　京东创新法则4：高塔与广场并存

为了更好地确立企业文化，2012年京东找来了国内最大综合性管理咨询集团华夏基石公司，请这家曾经参与《华为基本法》制定的公司为京东做基本的文化梳理。几个月时间里，华夏基石匿名发放了4000份有效问卷，访谈超过200人，并邀请公司各个阶层的人参与项目，分析总结出京东人喜欢哪些行为，不喜欢哪些行为。基于这些数据，与京东人在讨论会上碰撞京东全新的企业文化。现场争论激烈，咄咄逼人，一度吵得僵持不下。而这次会议刘强东却一反常态，没有高谈阔论主导会议走向，反而在一旁静静地聆听，直到快结束的时候才拍板定下了"客户为先"的一个中心和"诚信、团队、创新、激情"四个基本点作为京东的价值观。

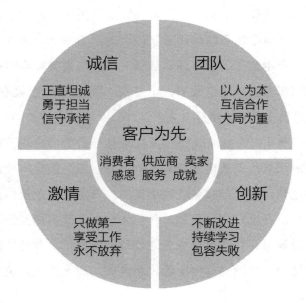

"客户为先、诚信"作为京东的商业基本逻辑都得到了保留，但客户的范畴从原本的消费者扩大到消费者、供应商和卖家三方；"激情超越、团队精神"被浓缩规范到了两个字，这是京东在市场斗争中百战不殆的诀窍；"学习"升级为"创新"，预示在技术引领的市场中，京东从跟着走开始向带着走转变；放弃"杜绝浪费"，标志着京东创业阶段的结束，摆脱生存压力后成本节约不再是企业最重要的价值观。

通常在一家企业中，职位越高的人越注重企业文化的建设，对企业价值观的认识也越深。所以要想使企业文化真正发挥作用，一定要在基层员工处做到普及。2013年3月底，刘强东召集所有总监级别以上的人，到总部进行企业文化首次宣讲；8月企业文化宣讲开始向全体员工覆盖，由于京东员工基数大、种类多、分布面积广，因此京东要求各部门分别开设文化课，对员工进行价值观培训，每个员工在培训结束后签字，确保培训的落实。由于企业文化梳理的过程经历了自下而上的参与，核心价值在落地前得到了内部员工的普遍认可，所以整个推进过程并没有花费太长时间。

企业文化绝不是嘴上随便说说，作为企业管理的一种手段，一定要能落地执行。综合来看，新的企业文化把公司提倡与反对的内容悉数罗列，并能拆分到具体的场景中。京东把价值观纳入人才考核的标准之中，通过各项指标，把人才分为金子、钢、铁、废铁和铁锈五大类，其中铁锈代表着能力极强但价值观不符的人。这类人纵使有"九天揽月"之才，京东也是坚决不予录用。但京东并没有像其他企业一样为了保证企业文化的落地，将价值观评估纳入绩效考核之中，在他们眼里二者并没有显著的关联，评估只是为了检验一个人适不适合京东。

正如时任京东集团人力资源部副总裁刘梦所说："价值观好的一个企业是有非常强的纠错能力的企业，尤其面对现在这个变化来得如此迅速和剧烈（的时代），一群有着相同价值观和理念的人走在一起，他们克服的一些困难、做的一些创新，很多时候推动我们所有的业务或者商业模式出现很多新的变化。"在日新月异的互联网时代，任何企业要想在竞争中脱颖而出，一定要以统一的文化价值观为基准，上下同心，激发出团队的最大活力。

⊙ 反思后的文化升级

2018年3月，一篇名为《无赖京东》的文章发表在作家六六的同名微信公众号上，文章中称其朋友程女士在京东全球购上买到了假货，要求京东依承诺十倍赔偿；京东作为平台方以发错产品为由，愿意为消费者提供退换货，但拒不承认售假，无法提供十倍赔偿。双方各执一词，互联网舆论迅速发酵，以"正品行货"著称的京东被推上了风口浪尖。

经过几轮双方在互联网的唇枪舌剑，在文章发表的第五天，京东集团CMO徐雷代表京东公开致歉，承认京东之前的处理方式不妥，内部全体管理层开始针对此事开展自我反思。

在外部看来，这场闹剧是一次京东在危机公关处理时的不成熟表现，以公信力为代价换取平台形象无异于饮鸩止渴，好在意识到错误后能及时刹车，京东电商巨头的面子还在，消费者该在京东消费的还是会在京东消费。至于徐雷口中的自我反思，不过是拿来搪塞公众的"客套话"，毕竟以京东的体量没必要为一个普通消费者的投诉而大动干戈。

半个月过去了，当"六六事件"的热度被淹没在茫茫信息海中，刘强东却发表了一封对内的公开信，交出了京东自我反思后的答卷："为此，公司专门推出了全流程更高标准的客户满意度准则，并在集团层面成立了客户卓越体验部，以消费者体验为唯一依据和评判标准去推动各个部门提升服务水平、质量和客户满意度。"制度流程不过是组织的皮肉，它们需要得到文化骨架的支撑，才能真正挺立起来，因此借此节点，京东的价值观全面升级为包括"正道成功、客户为先、只做第一"的T形文化结构。

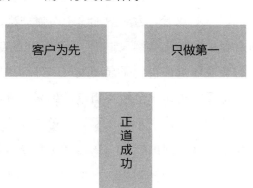

第四章　京东创新法则4：高塔与广场并存

看得出来徐雷口中的"反思"是认真的，为了一起投诉在整个集团上下兴师动众，既有制度补充又有文化升级，这在京东的历史上还是头一次。实际上这并不难理解，消费者在京东上购得价格、品牌、材质完全不同的产品，即便不是售假也是对消费者权益的一种侵犯，客观上还是有违京东"诚信"的价值观。之后客服的推脱，在公开平台与消费者站在对立面，更是违背了京东一贯倡导的"客户为先"原则。这暴露出京东企业文化在飞速发展中开始出现无法触达的情况，16万人在不同岗位、不同角色中不再能保持一致的步调，才诱发了此次负面事件。

企业文化是一个组织在是非对错上的价值标准，能在苍茫的大海上如灯塔一般为企业指引方向，它是商业经营的根基，也应当是永恒的核心。一个理念的变化对企业的外在形象、员工执行过程中的先后取舍都会产生一系列的影响，所以企业文化最忌讳拾人牙慧般的盲目变动。

但安不忘危、盛必虑衰，互联网催生出的商业机会转瞬即逝。距离上次重新梳理企业文化虽然只过去了五年，但这五年时间里京东的业务版图的商业体量都得到了显著发展，外部市场环境也在不断发生改变。在无界零售这一全新零售革命到来之际，在原本的文化体系开始出现掉队之时，京东要在反思中勇敢地迈出自我迭代的脚步，以价值观为引领，拥抱变化，在思维方式与行为准则上进行全面升级。

"正道成功"是京东创业以来始终坚持的价值信仰，过去京东将其归为诚信，但显然诚信所涵盖的范畴远不及"正道"。在坚持正品行货外，京东坚持合法合规的经营，杜绝内部腐败，用"正"的价值去关心内部员工，并带动企业上下主动践行"正"的行为。

"客户为先"是几次文化变革中京东始终保留的精神内核，京东的成功绝非凭一己之力所能达成，消费者在市场端鞭策、生产商在供给端推动，在三方的共同努力下京东才能在风浪中高枕无忧。面对客户的需求，任何一位京东人都不能说"不"。

"只做第一"看似是此次文化升级中提出的全新概念，实际上激情也好创新也罢，都是京东通往行业必经的道路。而京东口中的第一，不只是市场份额的第一，它还代表着一种持续超越的精神。

全新升级的T形文化用三个词高度浓缩了京东的文化内核，"正道成功"的基石决定了京东未来能触及的高度，"客户为先"和"只做第一"的双翼决定了京东能实现的广度，在这三位一体的文化系统下，京东才能不断腾飞超越。

第 四 章　京 东 创 新 法 则 4 ：　高 塔 与 广 场 并 存

重新定义
京东

第五章

京东创新法则5：
对创新的结果负责

创新是一种对未来的判断，是有组织、系统化地向未来世界的跨越。为了达到这一目的，企业需要将自己的资金、战略、人才乃至命运与创新决策高度绑定，这对于创新者来说不只是能力，更是一种魄力。因为它可能会在一夜之间打破现有的秩序，让那些原有的事物化作乌有，也可能掀不起半点涟漪，让创新者的努力付诸东流。

机会总是隐藏于风险之中，承担应承担的责任去创造新秩序，是人类在社会和经济生活中必须充当的角色。自人类诞生以来，我们所接受的一切制度、思想、教条，所使用的一切工具、技术、产品，全部都是有意创新的结果。整个过程中人类曾因理念不合，引发了无数大规模的地域性战争，也因工具的迭代升级造成了惨重伤亡，这是必须接受的创新结果。

不仅是社会经济，放之商业亦是如此。现代管理学大师彼得·德鲁克在《管理：任务、责任、实践》一书中说道："风险是商业的本质，追逐风险和承担风险是企业的基本职能。"企业的任何一个决策背后，都暗藏着诸多风险，尤其是具有高度不确定性的创新。因此企业需要根据自身需求，在愿意承担的风险、可以承担的风险、必须承担的风险中进行决策。京东曾连续亏损12年自建物流，最终成就产业核心，并为20余万人创造工作岗位；曾错误判断线上支付，致使京东金融被前排玩家甩开差距；曾主动连接线上与线下，成全自己也成全达达。但不论作何抉择，最重要的一定是创新过程中应担负起的责任，因为衡量企业的成功标准是它担负的责任而非其创造的成就。

第一节
故步只会自封

纵观人类近代历史不难发现，只有依靠创新推动科技进步，才能在当今世界中迅速积累国家财富，只有掌握核心技术，才能提升在国际社会中的政治地位。对于一个国家、一个民族来说尚且如此，企业则更需要利用创新维持核心竞争力。

⊙ 警惕破坏性创新

创新是当下企业经营中十分流行的一个词，"不创新无未来""不创新毋宁死"的宣传口号层出不穷。的确，互联网经济时代瞬息万变，商业模式与消费者行为都在不断进化，不能做到与时俱进就势必被市场所淘汰。但我们也要认识到，创新是一场与风险之间的终极对话，如果企业要追求长期、稳定、可持续的发展，需要尽可能地规避发展道路上的风险。所以关于创新，企业一定要正视风险，根据自身发展情况和需求作出合理的选择。

不创新的风险已在大众心中存在深刻认知。胶片巨头柯达的没落是最经典的案例。19世纪70年代，柯达凭借自己独家的乳剂配方，制作出不同于传统相机底片的干版胶片，一度垄断了全球超过三分之二的市场份额。太平洋登陆战场上的残酷，阿波罗号登月时的欣喜，肯尼迪遇刺时的震惊，这些影响人类历史的瞬间，都承载在柯达的胶卷之上，包括柯达在内的所有人都认为，没有人能撼动柯达在胶卷行业的领先地位。

1975年，一个名叫史蒂文·赛尚的柯达员工，研制出了第一台数码照相机——电子拍摄，画面被记录在彩带机上。面对员工"自作主张"的产品创新，柯达的高层表现出了极度的迷茫，他们不知道该怎样处理这个"新玩意儿"，因为如果无需胶卷的照相技术得到普及，柯达苦心经营的胶卷帝国将不复存在。思索再三，赛尚得到的答复是把它藏起来，不要被别人发现。

站在今天的角度，柯达的做法显得有些掩耳盗铃。他们拥有全球第一台数码照相机，即便是一条全新的赛道，柯达的起跑点也是远远凌驾于其他企业之上的。但是为了规避创新的风险，柯达选择躺在功劳簿上吃老本，继续享受胶卷带来的高额利润，抱着侥幸心理期盼数码相机可以淹没在历史的长河中。

科学的进展不可逆转，即便有人刻意隐藏。在柯达畏首畏尾拒绝正视新生事物的诞生时，索尼已开始着手感光元件"电子眼"CCD的研究。1981年，柯达研制出数码相机的6年后，索尼面向市场推出了其旗下不需要胶卷的数码相机马维卡（Mavica），在得到行业信号后，松下、佳能、尼康等公司也主动求变，相继推出自家原型电子相机。数码时代就此爆发，柯达不复昔日的辉煌，最终在时代的浪潮下翻船。

沉舟侧畔千帆过，病树前头万木春。柯达完全放弃创新了吗？答案是否定的，作为一家百年老店，柯达拥有成熟的生产工艺和技术体系，并根据主流消费市场，引领行业持续性创新，将产品性能推向极致。但每个产业都难以逃脱生命周期的规律，有些创新结果提供了与主流产品完全不同的产品组合，它的出现会打破既有的市场格局，进而建立全新的市场模式。此时一味地规避风险，对新鲜事物选择视而不见，无疑承担了不创新的风险。

刘强东曾跑遍北京每一家国美连锁店，只为研究连锁零售的模式该如何开展。原本京东有可能成为与苏宁、国美竞争的中国第三大线下连锁零售巨头，在2010年左右腾飞，在2020年前后式微。可是当互联网的风口来临时，京东还是毅然决然地放弃了它曾经眼中的未来，不顾一切地转型线上商城这条未曾设想的道路，最终在新赛道上完成了对传统零售的超越。

当今市场环境风云不定，科学技术不断迭代升级，人们的观念在变，用户的需求也在随之改变，企业要想突破成长极限，在其发展过程中必须经过多次转型，其中最大的阻碍在于组织内部既定的规则和已经习惯的思维模式。从线下到线上再到线上线下相结合，从主营3C到全品类商城再到无界零售，从电子商务到技术服务支持，得益于京东不断进行的动态调整和创新，京东才能在风起云涌的互联网产业中，找到自己的立足之地。

⊙ 京东到家，独占上风与断尾决定

电商的高速发展让消费者体验到了切实的利益，优质的服务、低廉的价格、不俗的品质，一次次地冲击着消费者摇摆的内心。在电商呈现出一片向好时，传统的实体零售业却被挤在夹缝中挣扎，一面是水涨船高的用人、租房成本，另一面是被电商稀释的交易总额，他们急需一个机会、一种模式、一次革新。

2010年，美国实体零售率先提出了O2O（online to offline）的概念。从形式上来看，这是一种基于社区零售的共享经济，即在网上寻找消费者，然后引导他们到现实的商店中完成消费。这是互联网思维下的实体经济上行，通过O2O赋能甩掉"传统"的帽子，提高曝光率增加客流量。美国点评网站Yelp在纽约和旧金山开始小范围试点，帮助餐饮企业实现线上线下的整合；专注家政领域的Homejoy也效仿这一模式，开创线上下单的上门清洁服务。但这种带有中介性质的互联网企业在华尔街精英眼中没有过多的价值——替代性高且寡头局面明显。

当美国零售还在小心尝试时，O2O的风已吹到了中国。彼时，中国电子商务由野蛮生长期步入行业整合期，市场增长进入缓速期，电商版图日渐清晰。在这种背景下，各大电商企业开始谋求线上网络外的增长。O2O业内有一个著名理论："人均网购每年支出是1000美元，假设一个人的年均可支配收入是4万美元，那么剩下的3.9万美元花到哪去了？"剩下的"3.9万美元"就是中国电商的额外增长曲线，O2O因此被推到台前。

2014年，京东在微信公众号上开始试水"京东快点"的O2O测试平台，为北京小范围提供2小时送达服务。货源来自周边商超，配送则由京东物流或其他第三方物流完成，刘强东将其称为"最靠谱的社区外送"。与单纯的线上零售相比，O2O极大地提升了交易的时效。原本一罐京东自营的奶粉，消费者在下单后，需要由最近的仓库点运输到配送站，分拣后经由配送员完成配送。一套流程下来至少需要小一天时间，嗷嗷待哺的婴儿可等不了这么长时间。而O2O则将社区商超视作仓库，点对点的定向配送将物流时长压缩到2小时内，消费者享受到了线上购物的便利，也体验到了线下零售的快捷。

经历了数个月的内测，2015年3月京东上线了首个O2O生活服务平台"拍到家"，并于次月改名为"京东到家"。通过与线下大卖场合作，利用京东的大数据及物流网络，基于用户定位，围绕消费者的生活半径提供3公里范围内的生鲜、商超配送。

刘强东对京东到家寄予了厚望，多次对外公开表示，未来京东的重点工作将集中在京东到家之上，甚至直言："京东到家之于京东犹如微信之于腾讯，它的任务就是打败京东。"作为零售战略的重要一环，京东到家肩负着打通线上线下的重要使命。京东希望通过该项目，构建起一套涵盖营销驱动、用户沉淀、销量引擎等各环节的闭环零售生态，助力品牌商在全场景下做到精准触达。

在广泛关注和资源集中投入下，京东到家取得了不俗的成绩。上线不到半年时间，就实现了全国范围内主要城市的覆盖，遍及华北、华东、华中、华南、西部等多个区域，服务消费者近300万人，完成了规模化发展的第一步。除了普通社区个体商超，京东还与大型连锁商超合作，助力传统零售完成线上转型。根据中国连锁经营协会的调查报告显示，截至2014年8月，连锁商超百强企业中有67

家企业开展了电商业务，但受制于技术、平台、流量的薄弱，其中56%的企业网上销售不足1000万元。永辉超市凭借47%生鲜加工业务的经营优势，如一匹黑马在短时间内迅速崛起。但在互联网的冲击下，近年来增长日趋疲态。2015年8月，京东收购永辉超市10%的股权，双方在O2O领域展开合作。京东到家的平台、物流优势为永辉超市线上转型提供解决方案，永辉超市的生鲜业务很好地补充了京东在生鲜领域的不足，而依托其全国连锁的线下门店，京东到家的扩张能力进一步加强。当众人以殷切的目光等待京东到家未来更辉煌地表现时，京东到家的增长却开始停滞，市场活跃度也一落千丈。

京东到家折戟原因很简单。从外部原因看，经历了2013～2015年的"百团大战"，我国餐饮行业的O2O平台趋于稳定，中小企业因资金链断裂而中道崩殂，稍有规模的大平台也被收购整合，行业上下仅剩美团和饿了么两大寡头。在稳定已有的基本盘后，外卖平台开始向商场进军，京东缺乏该领域的绝对竞争优势，以致其他平台的介入抢占了京东到家原本的订单。

从内部原因看，京东到家也没有继承京东物流的优势，做到高效、精准的配送。O2O业务具有及时性的特点，且订单分散、区域波动性大，完全依赖京东自营物流配送，会造成严重的资源浪费。京东想要借助社会化物流平台，聚集更多更有弹性的运力来完成配送，因此在以生鲜商超为核心的O2O平台，京东还专门搭建了配套的众包物流。想法美好但现实却不尽如人意，"社会快递员"只需培训几天就能挂牌上岗，和京东自家物流配送员在职业素养上存在明显差距，迟到、错送、漏送无法避免。而订单来自入驻商家，配送来自京东物流和众包平台，线上和线下两个环节被割裂开来导致无法统筹，进一步降低了京东到家的容错率。

生鲜、商超短途配送的场景多为午饭或晚饭前，时效性在整个过程中至关重要。消费者希望能在11点前送达，好在午饭时间一展厨艺犒劳自己，如果等到中午酒足饭饱后商品才姗姗来迟，势必很难激起消费者二次下单的欲望。"快"本来是京东得天独厚的服务优势，京东到家也承诺30分钟送达，但在实际消费中却很难履约。

内忧外患共同将独占上风的京东到家拖入了发展的泥潭，京东的主体营收也被拖缓，根据京东集团2015年报显示，京东全年亏损94亿元，主要源自在京东到家的持续投入。深思熟虑之后，京东找到了同样面临经营亏损问题的达达，选择断尾求生。

2016年4月，京东到家与众包物流平台达达合并为"达达-京东到家"，合并后的新公司将保持独立运营和发展。虽然合并后京东依然是新公司单一最大股东，但公司CEO由原达达CEO蒯佳祺接任，意在把京东到家从京东体系中剥离出去。

这是一次三赢的决策。对于京东来说，卸下了长期的业务，集团在财报数据上有了显著提升。在2016年当年，京东就实现扭亏为盈，净利润达10亿元。对于达达来说，其CEO蒯佳祺不希望将心血达达卖出，而与京东到家的合并，管理团队依然由达达操盘，保留了独立经营和独立上市的权利。

而收益最大的，莫过于合并后的新京东到家。京东到家之前的问题在于运力不足导致的不能履约，它的劣势在与达达合并后得到了很好的补全。如蒯佳祺所言："超市生鲜O2O平台和众包物流平台是上下游的关系，京东到家专注获取订单，达达专注配送。"双方的整合做到了资源互补，产生了巨大的协同效应。在得到达达运力的支持后，京东到家的全国布局进入快速扩张阶段，截至2020年，京东到家已覆盖全国1400个市区县，业务边界也从基本的商超、生鲜配送扩展到医药、鲜花、个护、母婴、数码等多品类。2020年底，京东到家以25%的市场份额，荣登中国本土O2O平台的第一宝座。

从万众瞩目的明星产品，到持续亏损的资产累赘，京东不意气用事，及时断尾止损，为自己减轻前进路上的负重，也为京东到家找到了全新的增长曲线。

第二节
接受探索的代价

京东在创新的过程中，也走了不少弯路，一方面是不创新或者创新滞后带来的失败，另一方面是创新不成功带来的失败。对创新失败的反思也是创新的重要组成部分，因为只有反思，才能超越。改变京东金融的商业逻辑、对现有组织架构的调整，这些反思都带来了最后的创新与超越。

⊙ 不可规避的失败风险

2012年，在智能手机尚未普及的情况下，谷歌公司就超越时代地发布了一款智能穿戴设备——谷歌眼镜。它具有和智能手机相同的功能，像是科幻电影中所刻画的一样，用户可以借助眼镜完成拍照、GPS定位和文字处理等功能。本有可能成为划时代的一款产品，却没有得到市场的买账。高额的售价切断了大多数想体验这一新潮设备的群体，而设备本身也存在诸多问题：耗电快、发热量大、生态系统的缺失等，这些问题集中在一起宣布了谷歌此次在智能穿戴设备上创新的失败。2015年1月19日，谷歌下架了市面上所有的谷歌眼镜，停止了一切有关的探索。

这个世界上没有先知，谁也无法预测未来，所以大多数创新都会以失败而告终。虽然谷歌眼镜是一件失败的创新产品，但值得庆幸的是，我们还能叫出它的名字，谷歌眼镜四个大字的的确确地记录在了历史画册中，更多的失败品甚至未曾出现在大众视野内。一个成功的创新案例背后，往往是成千上万的惨痛失败，可没有人在乎失败者，就像没有人会记得珠穆朗玛峰下的世界第二高峰一样，能流传后世的一定是那些足够成功的案例。

导致创新失败的原因有很多：对未来行业的错误判断，产品无法克服的固有缺陷，新技术催生的行业巨变，即便整个创新结果趋于完美，但如果不是在适时的情况下出现，此次创新也可能一文不值。以电动汽车为例，这个看似是近年来兴起的汽车动力技术，实际上早在两个世纪前就登上了历史的舞台。1834年美国人托马斯·达文波特（Thomas Davenport）就研制出第一辆电动汽车，作为畜力交通工具的替代，与内燃机汽车同台竞技。当时，两种动力技术孰优孰劣尚不得知，可19世纪的油田大发现，大大降低了内燃机汽车的行驶成本，市场的天平迅速倒向这边，倾注全力从事电动汽车研发的企业遭遇了灭顶之灾。当我们误以为创新失败的电动汽车已在市场上绝迹之后，马丁·艾伯哈德（Martin Eberhard）却敏锐地对未来市场作出判断，成立了特斯拉汽车公司，21世纪以后全球环境问题日益严峻，电动汽车重新被拉回市场的竞争之中，特斯拉也在这场产业升级中收获颇丰。

失败的风险是不可规避的，任何一家企业在创新的道路上都需要正视它。京东和其他互联网企业相比，身上的实体经济味道更足。它的每一步创新都是建立在真金白银的基础上，而并不富足的毛利率，使得京东创新试错的决策更加谨慎。但京东允许犯错，并快速试错，因为京东知道，在瞬息万变的市场竞争中，有时快速决策比决策正确与否更重要。

⊙ 京东数科螺旋成长

"一家不赚钱的公司一定是非常可耻的，所以我也很羞耻，有羞愧的感觉，不能够给股东创造现实的利益。"2012年刘强东站在中国人民大学的讲台上，表露了自己的心声。

自从京东转型线上电商，曾连续6年增速超过200%，一路上过五关、斩六将，战胜了新蛋、卓越、当当等诸多对手，才得以跻身中国零售企业的前列。但京东一直奉行"扩张优先"的理念，长期入不敷出，身处缺钱的窘况之中，直到2013年才实现微弱的盈利。为了企业的持续发展，也为了回报投资人，京东需要在电商的道路上寻找新的机会点。

　　赚钱的行业有很多，房地产、对外贸易、互联网游戏等都有利可图，但是京东不会因为一个行业、一个产品有利润，就一拍脑袋大举投资。商业是由无数相关链条组成的一个闭环，如果京东盲目地为赚快钱而去插手那些与本职工作没有联系的业务，未必能收获一个圆满的结局。回看京东过去的决策，发展线上购物平台、建设物流，都是围绕零售展开。以零售为原点，不断向四周外延，拓宽生意的边界。在这样的商业逻辑下，京东选择了金融作为自己快速前进的第三个车轮。

　　为什么是金融？它和电商之间的关系是什么？电子商务无外乎"三流"：信息流、物流和资金流。以技术为依据的信息流是电商流量的入口，资金流赋予商品实际价值，通过物流实现商品交易。金融在整个零售过程中，像润滑剂一样辅助信息流和物流有机地结合运行。京东开展线上平台积累用户，自建物流体系填补交易末端的空白，完成了信息流与物流的统一，离产业闭环只有一步之遥，京东金融势在必行。这并不是一件稀奇的事，站在全球的视角下，零售之后发展金融分支，早已是市场实践过后得出的最优路径。沃尔

第五章　京东创新法则 5：对创新的结果负责

玛是全球零售的绝对龙头，也是京东在成长道路上一直追赶的对象，如此伟大的一个公司，利润来源中仅有55%来自零售卖货赚取的利润，而剩下的45%公司利润都来自现金流的再投资收益，也就是金融。放眼国内，同为电商的阿里巴巴则更早地意识到了金融的重要性，2004年成立的蚂蚁金服，让阿里巴巴在全国电商竞争的初期就取得了较大的优势，后续不断丰富补全的金融产品，更使企业市值水涨船高。

时不我待，2013年10月京东瞅准时机成立了京东金融，由原京东集团首席财务官陈生强任京东金融集团首席执行官。"这是个要么生、要么死的生意。所有团队都知道，要么凌绝顶，要么就死翘翘，不会是中庸的、不死不活的。"陈生强在接到任务后说道。的确，互联网没有第二名，阿里巴巴已在金融上占据了先发优势，品牌营销深入大范围的用户群体之中，京东作为后来者想要完成超越，任务十分艰巨。

项目初期，京东金融的定位是围绕京东生态系统和供应链打造的开放金融平台，所以京东金融上线的第一项自营业务，就是为供应商提供贷款的京保贝。不同于互联网的小额贷款，金融机构拿自己的资金放贷，从中收取高额利息，京保贝与各大银行建立合作关系，利用自己的信用作背书，让供应商能快速从银行手中拿到贷款。京东在供应链的合作中积累了大量供应商资料，从财务税收到采销信息都有一个较为清晰的认知，而B2C电商平台也能收集到消费者对供应商提供产品的评价，综合分析能有效实现金融的风险控制。在整个业务中，京东金融更像是牵线搭桥的"媒人"，只是收取

1%～2%的服务费，远低于市面上的网络贷款，切实地帮助供应商短时间内资金周转。

当然，京保贝是京东针对阿里巴巴信用贷推出的防御型产品，也是那时互联网金融为数不多的经验。在完成业务追平后，京东面对的是真正的无人区，之后每一步路都需要自己摸索。陈生强敏锐地察觉到C端消费场景下的贷款需求，为了填补市场空白，2014年京东创新性地上线了面向C端的消费贷，即京东白条。

类似于信用卡，京东白条为消费者提供"先消费后付款"的金融服务，只需要填写个人有关信息，就能获得一定的白条额度。类似京东生态中的信用卡，但相比传统银行的审核，京东白条的业务开通前后不超过1分钟。如此短的授信时间，得益于京东在电商领域积累的大量数据。银行授信的信息来自用户主动提供，内容不一，标准不同，很难快速反应；京东却充分发挥信息流价值，在用户提供简单的身份材料后，根据用户之前存在的消费额度、购物行为、售后信息等数据快速风险评估，激活相应额度的白条。

延期付款的支付方式在满足用户消费欲望的同时，还能减轻还款负担，一经推出就得到了广泛好评。之后京东又与中信银行展开合作推出"小白卡"，让白条支付走出京东，打通更多的消费场景，具有引领行业的破冰意义。随着时间推移，"租房白条""白条联名卡"等一系列产品推出，京东白条已成为京东征战金融市场的"拳头产品"。

没有放贷员，京东却轻松做到了数百亿的贷款，产品创新奠定了京东金融在市场不可撼动的地位。但对于支付业务的失误判断导致京东金融后劲不足，慢慢被蚂蚁金服拉开了距离。

"这十年的时间，我错过的就是支付，京东的支付没有变成老百姓用得最多的支付工具。"❶谈及支付，刘强东总会表现出自己懊悔的情绪。京东发迹于实体零售，对支付的认识粗浅地停留在了"一种工具"上，所以京东早期的支付方式多是货到付款、线下支付。但互联网金融不等同于电商，支付是最底层的逻辑。通俗一点儿来说，金融就是搬运金钱的过程，而搬运的通道就是支付，可以说线上支付的发展才让互联网金融成了可能。

"小金库"和"余额宝"是京东和阿里巴巴旗下的两款相似的金融理财产品，但阿里巴巴因为掌握支付，打通了消费者与商家，余额宝中的钱和放在用户手里一模一样，很容易形成资金导流；而"小金库"与其说是理财产品，更像是一张京东商城的预存卡，支付的缺失导致使用场景单一，用户的使用意愿不高，即便发展起来规模也无法和余额宝比肩。

在京东停下脚步四顾相望时，市场不会停下它的脚步，2013年横空出世的微信支付，侵占了支付宝未能顾及的剩余市场。等2016年京东回过神后，早已无法跟上市场的步伐。京东曾尝试把京东白条包装成异化的线上支付方式，并积极与各大银行合作推出"京东闪付"，但都收效甚微。京东金融像一只迁徙途中掉队的羚羊，驻足

---

❶ 钛媒体. 京东金融，四年追击[EB/OL].（2018-01-12）.

在原地，不前不后，不左不右。

一年多时间的沉寂，京东开始反思之前犯下的过错，寻找未来京东金融的新出路。2018年，京东金融摇身一变，改名"京东数科"，在保留金融业务的基础上，开始向数据服务、金融云、智慧城市等领域转型。

京东金融在成立之初，为个人或中小企业提供金融服务，虽然因为支付而错失赛道，但京东金融五年来积累的金融运营能力是无法抹去的。借助已有的优势，从B2C向B2B2C转型，为其他需要帮助的金融机构提供科技赋能，是当前京东数科的全新定位。

正确的方法往往能事半功倍。过去京东在支付领域的弱势，成为京东与金融机构合作时的柔软身段；强有力的技术实力和丰富的2B商业经验，可以为合作伙伴提供覆盖数据、模型、策略、系统等全方位风控服务，帮助用户提升运作效率、实现财富增长。

在金融服务外，京东数科开始扩展经营边界，利用自身科技水平，在数字经济的风口下乘风破浪，帮助企业实现数字化转型。目前阶段京东数科已在农牧、线下广告等企业非金融业务领域取得了显著成果。以农牧为例，京东数科强调资产数字化，他们把这一理念融入养猪，研发"猪脸识别"设备，提供智能养殖方案。2019年京东数科在农牧领域的首个解决方案诞生，集成"AI神农大脑"+"IoT神农物联网设备"+"SaaS神农系统"三大模块的智能养殖解决方案，为养殖场提供全方位的服务和管理。通过数据模型构建，推算未来的猪肉价格波动，实现养殖资产数据化；自动投食

第五章　京东创新法则5：对创新的结果负责

机器人能合理分配饲料，有效降低人力、饲料成本，提升生产效率；智能监管设备能及时发现猪圈异常情况，并对症下药给出解决方案，降低了养殖风险。

从结果来说，京东在命运的路口作出了正确的选择。根据招股说明显示，自2018年以后，京东数科整体营业收入均保持了高速增长，2017年至2020年6月，公司的毛利率分别为54.69%、64.38%、65.77%和67.08%，呈逐年上升趋势，2019年京东数科净利润增长率更是达到了607.7%。

更宽的赛道意味着更大的发展空间，同时更多的不确定性因素也会出现在赛道上。未来的京东数科将驶向何方，依然是一个未知数。

⊙ 2019，京东的反思

"2018年对我本人、我的家人以及公司都是异常艰难的一年！"在2018年给全体京东员工的新年贺信中刘强东说道："但兄弟们彼此支持、携手前行，面对复杂、多变的环境，求新求变、积极进取，在组织创新、业务拓展和社会责任方面都取得了优异的成绩，向外界充分展示了京东的信念和勇气。你们的奋斗精神让我坚信：只要兄弟们在一起，任何困难都可以过去！"

回顾京东过去25年的发展历程，2018年绝对是京东商业史上浓墨重彩的一笔，外界将这一年定义为京东的"至暗时刻"。2018年9月，刘强东卷入个人问题风波，在互联网舆论中掀起巨大波澜。作为京东集团的创始人，也作为经营决策的一把手，刘强东个人在公众面前展现出的形象，将直接作用在京东这家企业的声誉之上。虽然经过警方的调查取证，这场闹剧最终以刘强东无罪释放画上了句号，但对京东集团造成的影响已无法挽回。2017年京东首次实现全年盈利，市值一度突破700亿美元，有望取代"BAT"中的"B"成为新一代中国互联网巨头，时过境迁，仅仅一年时间京东的市值仅剩300亿美元，拦腰折断的降幅让京东的股价回到了四年前刚上市的时候。

企业家个人事件产生的影响不可忽视，但因为其广泛的讨论性，导致大众很容易把京东在2018年产生的变化归咎于这一次意外事件，却忽视了京东在这一整年经历的种种经营危机。

京东主张的规模经济是过去投资者义无反顾加码的重要原因，前期亏损换来的是产业规模，当规模达到一定程度时就能通过用户摊薄成本，并形成行业壁垒提高议价能力，从而扭亏为盈实现良性发展。

中国人口基数庞大，加之移动互联网的强渗透率，创造了京东过去十余年的增长神话。当时间褪去繁华，一切回归理性后，京东的增长大不如前。2018年第三季度，京东在连续数月营收增速减缓之后，首次出现用户活跃度下滑的情况，近860万名用户蒸发，互联网人口红利正在消失，京东即将抵达规模的天花板。

利益驱动的投资者在看到略显疲态的京东之后，也开始质疑今后的收益，年中的一波集中撤资离场，让京东背后的投资机构从500多家骤降到155家，其中伴随京东多年的高瓴资本离场更是引得无数唏嘘。自2014年京东在美上市后，高瓴资本就不断减持撤资，根

第 五 章 　 京 东 创 新 法 则 5 ： 对 创 新 的 结 果 负 责

据美国证券交易委员会公布的数据可以发现，2014年第四季度高瓴资本还持有京东接近16000万股，到2018年第二季度这个数字已经下降到2121万股。

屋漏偏逢连夜雨。中国的电商市场向来不是一潭死水，在资本纷纷离场的过程中，京东的业务版图也深受冲击。曾经靠自营正品行货和自建物流体系打造的竞争壁垒，在敌方攻城锤一次次的冲击下，也不再那么牢不可破。

老对手阿里巴巴始终在虎视眈眈地盯着京东。2012年初"淘宝商城"改名为"天猫"，就是阿里巴巴针对京东在B2C垂直领域作出的耕耘。2017年天猫销售规模达到21086亿元，同期京东只有12945亿元，很好地达到了分流目的。而与顺丰、三通一达联手搭建的菜鸟物流网络，极大弥补了阿里巴巴在24小时达的物流网络中存在的短板，随着不断深入连接用户的"最后一公里"，阿里巴巴与京东之间的物流速度差距在不断减小。在争夺京东线上市场的同时，阿里巴巴还将末端伸向传统零售领域，通过线下智慧门店改造，为商家提供更多的运营玩法，提升了消费者体验，并让天猫有机会在全球零售市场数字化转型中抓住机遇。

半路杀出的后浪拼多多也在狙击京东残留的用户。成立于2015年9月的拼多多没有选择与京东正面交锋，而是另辟蹊径从下沉市场入手，曲线突围京东构建的护城河。在京东为活跃用户流失感到焦虑时，拼多多却以3.855亿的年活跃用户完成了对京东的反超，从京东撤离的资本开始涌向电商的新宠儿，一加一减之中京东倍感压力。

接连的噩耗一次又一次地动摇着京东岌岌可危的地位，刘强东的个人事件不过是压死骆驼的最后一根稻草。病者自明，当外部环境逼迫京东停下脚步自我反思后，自救道路上的迷雾逐渐散开。

企业不是福利院，靠江湖义气只会被竞争激烈的市场淘汰。营收被压缩，资本相继撤资，为了维持企业的基本运转，京东必须再次作出调整。2019年初，京东针对管理层实施10%的末位淘汰制度，不少元老级别的人物在这个过程中离开了京东，留下的许多人也被调离了原岗位。之后京东又取消快递员底薪，并把揽件数纳入员工绩效，反映到工资收入上，让能干的人多拿，少干的人少得。此番调整精简，是特殊环境下京东为了生存作出的必然选择，只有优化内部结构，把好钢用在刀刃上，才能在真正的战场上冲锋陷阵。

刘强东对京东的绝对控制也在个人事件中暴露出种种问题，此后京东开始向"去刘强东化"方向发展。2018年底，京东启动了有史以来最大的一轮组织架构调整，京东商城CEO徐雷、京东数科CEO陈生强、京东物流CEO王振辉三人组成的团体接替刘强东成为京东对外的门面，从一人独大到三足鼎立，京东最高权力被化整为零。

在业务上京东明确了成为"零售基础设施服务商"的基本战略，从技术入手，开始向"零售科技"转型。京东通过向一些线下实体开放自己的供应链来拓展商品销售渠道，同时将各项能力打包成独立的、可复用的组件，用"模块化"的方式向外赋能。京东商城正式升级为零售子集团，以供应链为核心开始在供给侧助力品牌商完成平台化、系统化和组件化的改造；京东物流开始向社会、个人开放，助力中国物流发展；京东金融改名京东数科，完成技术创新的

第 五 章 京 东 创 新 法 则 5： 对 创 新 的 结 果 负 责

品牌升级；成立第四大事业群京东健康，为医疗产业的数字化改革提供解决方案。

从结果来看，京东绝境中的奋起取得了应有的成效。根据京东2019年第一季度的财报显示，京东收入1210亿元，同比增长20.9%，净利润同比增长215%至33亿元人民币。远超预期的利润增长，让京东股价再次进入上升通道。之后在下沉渠道"京喜"布局，线下场景的7 Fresh，京东没有放过每一个可能成为增量的方向。

一整年下来，在互联网整体行情不如往日的情况下，京东交出了一份满意的答卷。全年净收入为5769亿元人民币，同比增长24.9%。GMV首次突破2万亿人民币大关，用户活跃度再次增长至3.62亿。❶2020年京东更是一路飙升，完成了危难时刻的华丽转身。

第三节
承担成功的责任

从一个人的数码门店，到40万人的商业王国，京东在20余载的成功创新中取得了长足的发展。成功并没有冲昏京东的头脑，无论何时京东都把责任牢记在心，时刻提防创新成功的风险。坚持不用劳务派遣，为社会提供广泛就业岗位的同时，保障自家员工合法权

---

❶ 数据来源：京东2019年财报。

益；推动乡村振兴，把互联网的便利带到了乡村，改善了过去盛行的多环节分销模式，让更优的产品、更低的价格、更好的服务在中国乡村遍地开花。

⊙ 是创新更是责任

不创新和创新失败的风险都很好理解，无数商业案例皆能证明这一观点。可创新成功的风险又作何理解？创新既已成功，证明企业已越过了充满不确定性的这道坎，风险又潜藏在哪里？

20世纪初期全球多地虫灾盛行，严重影响了农业生产，进而导致粮食危机的发生。为解决虫灾问题，科学家开始以灭虫为目的展开创新研究。1939年，瑞士科学家米勒发明了具有强效触杀能力的杀虫剂DDT，它的出现解救了饱受害虫侵害的人类，米勒和他的DDT也因此获得了诺贝尔奖。然而在之后的使用过程中，人们渐渐发现这种新型杀虫剂的触杀无差别，既能杀死携带疟疾的蚊子，也能置传粉授粉的蜜蜂于非命。鸟类无食、树草无后，DDT的大范围使用威胁到了自然生态结构，最终被在全球范围内禁止使用。

可见创新不仅仅是一种风险，更意味着一种责任。它的目的是满足人类的特定需求，但意料之中的结果之外，创新又会产生怎样的影响？带来哪些新变化？在那一天到来前都是未知数，所以创新成功的风险要远大于其他两种风险，就像为解决能源危机、维持人类和平而被发明的核能，却最终成为人类战争的最大帮凶。

第 五 章　京 东 创 新 法 则 5 ：对 创 新 的 结 果 负 责

企业经营亦是如此。市场经济下企业以利润最大化为创新目标并无争议，但所谓的"最大化"其实并无清晰明确的指标，长期盈利与短期盈利、单项盈利与整体盈利，这当中存在许多价值取舍，在享受创新成功的胜利果实时，也要保持清醒去面对成功的风险。

2004年，阿里巴巴将电商的支付部门独立出来，成立了蚂蚁金服及旗下第三方在线支付平台支付宝。不同于传统的网上银行，支付宝便捷的支付方式简化了线上支付流程，创新性的担保支付服务还解决了电子商务普遍存在的信任痛点。可以说，支付宝的出现加速了我国电子商务的整体进程。2012年以后，蚂蚁将业务延伸到传统金融领域，相继推出余额宝、借呗、花呗、相互宝等创新型金融产品，填补了传统金融模式空白，为普通百姓提供了更多、更便捷的投资选择。蚂蚁金服也改名蚂蚁集团，估值迅速上升到上万亿元。

以结果为评判标准，蚂蚁的创新无疑是成功的，它创造的价值于己、于人、于社会都具有重要意义。但蚂蚁在壮大的同时，却没有主动去承担创新成功的责任：规模增长后的行业垄断，中小企业生存空间遭到挤压，市场不平等竞争显著；数据安全潜在的问题，严重侵害了消费者的合法权益，诱导消费、信息贩卖、大数据杀熟的现象频出；蚂蚁提供的借贷数额巨大，且多以联合贷款和助贷为主，相当于蚂蚁只用少量出资就换取了高额的利润分成，金融风险也被转移到其他金融机构及投资人上，如同一颗绑架了整个金融系统的定时炸弹。

2020年11月2日，蚂蚁集团高层被中国人民银行、中国银保监会、中国证监会、国家外汇管理局四家金融监管部门约谈，原定的上市计划也被搁置，不到半年时间，市值缩水超过30%。在取得创新成功后，蚂蚁没有保护好消费者以及中小投资者的利益，更没有促进金融行业的健康发展，最终也为自己的行为付出了代价。

蚂蚁集团绝非个例，创新成功后的"忘我"是当下互联网企业的通病，本应再接再厉去更好地服务市场，创造更多的社会价值，却在膨胀中迷失了方向。反观京东，在创新中打造了自己差异化的竞争优势后，积极主动地承担创新成功的风险。对消费者负责，始终坚持"正品行货"的销售理念，不断缩短供应链，为消费者创造更多的价值；对员工负责，完善用工体系，提高薪资待遇，为员工的生活提供保障；对社会负责，以科技推进产业发展，打造生态圈，赋能传统零售的数字化转型。

⊙ 20万京东小哥

互联网平台经济是以数据算法为支撑，依靠互联网平台组织生产要素，为社会提供产品或服务的新型经济模式。随着互联网的蓬勃发展，线上与线下之间那道泾渭分明的界线开始模糊，各大平台在极力推行线上经济的同时，也将服务的触角伸向连接客户的"最后一公里"，渗透在出行、餐饮、购物各个生活场景。维修工、快递员、外卖骑手、网约车司机等，这些种类繁多的职业是平台经济催生出的新兴岗位，他们统称为网约工。根据国家信息中心提供的数据显示，2020年我国共享经济的服务提供者人数约为8400万人，占我国总人口数的6%。如此庞大的一个社会群体，却无法在工作中得到最基本的劳务保障。

目前，绝大多数互联网平台与网约工之间都没有签订正式的劳动合同，双方的关系以外包为主。这样做的好处是能有效降低企业的人力资源成本，还能转嫁工作中可能发生的风险。可对于员工来说，外包意味着没有五险一金的权益保障，工作中的任何事故都得不到赔偿，劳动纠纷也缺少健全的法律保护；意味着员工身份的模糊，无法得到社会的身份认同，与平台之间的连接也极为脆弱。这些问题是行业高质量发展道路上的绊脚石，也是企业缺乏社会责任感的一种表现。

与绝大多数互联网企业不同的是，京东在拓展线下服务场景时，很好地把握了"利"与"益"之间的平衡，承担了自己创新成功的责任。

"将基层员工外包出去的行为是一种耻辱，这个成本京东永远不会去节省。"刘强东在电视节目《遇见大咖》时直言。在他看来为用户提供最好的服务体验是京东永恒的追求，拼搏在一线的员工更是京东前进道路上的中流砥柱，把他们外包给其他公司，不仅是对社会责任的逃避，更是把企业最宝贵的资源交给了别人。

2008年是京东自建物流的第一年，全新的业务存在大量人员空缺，京东选择劳务派遣迅速扩张队伍。校招、社招都能看到京东忙碌的身影，为了招人甚至在墙上贴起了小广告。由于彼时京东的品牌力有限，人们对仓库的工作接受度也不高，大批人轰隆隆地来，又哗啦啦地走，即便有人留下，也总能在基层中听见对"同工不同酬"的抱怨。物流是用户体验的核心部分，内部不同的声音会影响队伍团结，在刘强东还为融资焦头烂额时，他一咬牙一跺脚定下规矩：聘用的快递员、保安、保洁人员等所有基层工作人员，都必须直接与京东签订劳动合同，不要派遣员工，全员福利待遇统一。这句承诺背后，是每年数十亿元的员工社保支出，但也是更多京东人有保障的、体面的生活。

2021年京东员工数量突破了40万，一举斩获了我国"员工数量最多的民营企业"之称，而40万员工中物流配送员数量就达到了20万。20万自有配送员是一个什么样的概念？同时期腾讯集团员工刚刚突破10万，也就是说中国屈指可数的互联网企业员工总数甚至不敌京东基层员工数的一半。与庞大的组织相对应的是高额的人力成本，外界曾一度对京东的经营模式有所质疑，认为京东会被自己拖垮。但刘强东对外界的议论置若罔闻，京东是属于每个员工的，是属于每个快递人员、每个打包人员的，与他们签署合同、替他们缴纳五险一金，是企业经营必须承担的责任。

彼得·德鲁克曾言："你雇用的不是一个人的手，而是整个人，所以必须尊重人、关心人，对员工的潜力抱有宽厚的态度，并用蕴含着人性的温暖去培养人，这是管理者必备的品德。"京东发展越好，越不会忘了在一线流汗的兄弟们。除了基本的保障性福利，京东希望为员工想得更多，让员工可以感受到企业的关怀。

第 五 章　京 东 创 新 法 则 5：对 创 新 的 结 果 负 责

在工作环境上，京东为每个配送站都安装了空调和热水器，即便有员工因为工作繁忙而在站点过夜，也能享受到基础的生活所需。物流仓库也慢慢配备了餐厅、篮球场、多媒体厅等基础设施，用于丰富员工的业余生活。

2013年京东提出"春节不打烊"服务举措。为了保证过年期间的物流通畅，在全国人民合家团圆的日子里依然有上万名京东人坚守在岗位。为了表达对这些员工的感谢，京东会为所有有孩子的一线值守人员包一个3000元的大红包，用来支持员工将子女接到身边一起过年。

为解决员工的居住问题，京东还推出名为"安居计划"的福利项目，设立专项基金，向符合条件的员工提供最高100万元的无抵押、无担保、无利息的购房借款，用于支付可支持地区范围内的员工家庭首套房首付款。对于外出务工有租房需求的员工，京东竭尽所能提供免费宿舍，以宿迁呼叫中心为例，家在宿迁十公里以外的员工均可以申请一套单独的宿舍。

除了物质上的富足，京东小哥在精神上也能收获一定的慰藉。当前快递行业的主要从业人员是"90"后，他们渴望得到他人的尊重和社会的认可。然而在当前社会氛围下，以快递为代表的服务行业并不受人待见，大众对于快递员的定位停留在跑腿送货，这让配送员心理上的自我认可度很低。平台方又要求以顾客为中心，作为唯一能与顾客发生直接接触的环节，快递小哥必须把理念贯彻到底，因此他们在顾客面前常常委曲求全，不能张扬自己的个性。纵使京东物流的快递员做到了人均过万的月薪，但他们依然无法跳脱职业身份带来的自卑感，看似高额的薪资和低下的社会地位产生的矛盾，将直接影响员工的幸福感乃至心理健康。

"我们每个配送员的工作不是一个简单的体力劳动，是一份为客户服务的伟大而有尊严的工作。"怀揣着这样的思想，2016年的劳动节前夕，京东面向全国设立了第一个"4.28配送员日"，希望能以自己微薄的力量，唤起社会公众对一线劳动人民的理解和尊重，让每一位京东人都能有尊严地生活。为了改变社会的固有认知，京东还通过拍摄创意短片的方式，将镜头对准那些一线操作环节，让消费者走进京东物流，去近距离地感受、认可京东人的劳动价值。在企业内部，刘强东也始终与员工以"兄弟"相称，让京东人能感受到红色工服下的归属感。

在京东，一定要让他们每一个人都以自己是京东人而自豪，这样他们才能开心地工作、快乐地服务，才能为企业、为社会创造真正的价值。

⊙ 反哺乡村：全面推进乡村振兴

刘强东出生于江苏省宿迁市来龙镇的一个农民家庭，一艘行驶在京杭大运河上运货的小船是一家人唯一的收入来源。田间泥泞的小路，斑驳脱落的墙壁，村口的一棵参天老树，都是刘强东童年时的记忆。自幼的耳濡目染让他能真正体谅农民难以言说的辛酸，也为他埋下了极为深沉的乡村情结。

当所有人蜂拥挤向北上广深，企图在中国经济最发达的地方一展宏图时，刘强东却逆势而行，把原本分散在北京、上海等多地的客服集中到宿迁这个名不见经传的苏北小城之中。彼时的宿迁，经济发展在全省垫底，人均可支配收入不过11449元，GDP只有同省苏州的九分之一；四面环湖，交通闭塞，年轻人为了谋求发展纷纷南下，人才大量流失，当地急需一个外力的推动来打破现状。

"我是宿迁人民养大的，如果我都不来投资，那谁还会来。"2009年京东客服中心在宿迁落地，为了扩大队伍规模，也为了促进当地就业，凡是能讲普通话、懂得计算机基本操作的年轻人，统统被纳入京东的麾下。2014年京东再次投资50亿元在宿迁建立京东信息科技园；2015年京东智慧物流全国调度运营中心和京东云华东数据中心接连在宿迁落地；2016年京东科技研发和培训基地投入使用；2017年京东智慧物流全国运营调度中心正式启动……一笔又一笔的投资，一个接一个的园区，宿迁慢慢成为京东在北京外的第二个总部。

在京东的带领下，越来越多的互联网企业也接踵而至。途牛、当当网、百度、网易等企业都把客服中心搬迁至苏北腹地，宿迁一跃成为中国电商的"客服之都"。当地政府也把握机会，借助"东"风实现了传统产业转型升级，打造出以电商为核心的城市名片。截至2020年，宿迁境内省级以上电商示范点142个，国家级试点示范6个，电商从业人数超过60万，2020年全年电子商务交易额达1800亿元，平均每10人就有1人从事电商相关产业，每秒钟有14件快递从

宿迁发往世界各地。❶

时至今日，宿迁已发生了翻天覆地的变化。人口开始回流，外出务工人数从110万人降至58万人，更多的人做到了家庭与工作的兼顾；经济也取得了长足的进步，全市生产总值迈上3000亿元台阶，人均GDP也达到了6.54万元。"京东之于宿迁，就像微软之于硅谷、华为之于深圳"的评价在当地广为流传。

如果说对宿迁的反哺带有刘强东强烈的个人主观色彩，那么在全国推动的乡村电商，则是京东践行企业社会责任浓墨重彩的一笔。

"只要在中国行政地图能看见的地方，就得有京东的影子！"这是京东在物流领域的战略布局，也是京东对社会的一种承诺。2010年京东就实现了部分一线城市的24小时达，但物流的便捷并没有普惠到边缘地区，这严重制约了这些地区的电商发展。

在很长一段时间里，农村的零售市场极其落后，流通渠道环节多，价格高，假货多。各类山寨快消品层出不穷，正品行货也被层层加价，连农民的立身之本——种子、化肥、农药的造假问题，压在农民身上几十年都没有解决。为了解决落后的农村零售市场，京东主动选择下沉市场，在全国各地设立"县级服务中心"作为专用仓库负责货物周转，下设农村合作点并招收大批乡村推广员，为村民提供直接服务，将物流末端延伸至每个乡县，保证了每个人都能平等地享受到电商带来的实惠与便利。

---

❶ 新华网. 宿迁全力打响"电商名城"品牌[EB/OL].（2021-06-26）. http://js.ifeng.com/c/87MJkAnj0yp.

2017年，京东完成了全国行政区县的覆盖；2019年，京东开启"千县万镇24小时达"计划，针对低线城市城区、县城以及周边乡镇，重新布局物流基建，提升下沉市场的物流服务能力。一年时间内，京东针对二到五线城市新建12座"亚洲一号"提升各区域物流辐射率，扩建13座城市仓以满足县镇村消费者的时效需求。截至2020年，京东已实现大中小件物流网络的全覆盖，全国90%以上的订单都能完成24小时配送，做到了电子商务的普惠。

这还远远不够，反哺乡村，真正提高乡村人民的生活水平，除更好的消费外，还要促进当地收入，帮助他们把特色农产品卖出去。所以京东还以供应链为基础，针对农产品普遍存在的小、散、非标等问题，重点帮扶，完善物流，建立农产品进城的"最先一公里"。

东若村坐落于西藏东南部，地处雅鲁藏布江中下游，盛产中草药天麻。但长期以来，由于西藏地区平均海拔高，交通运输难度大，东若村的天麻很少能走出青藏高原；农牧民分散且各自作业，缺乏统一种植标准，无法形成品牌优势，外地鲜有人了解，直到京东到来。

2011年，随着在拉萨的第一家配送站投入运行，京东终于将物流网络延伸到了这片雪域高原之上，以此为基点，此后数年京东不断加强供应链能力，为天麻的全国推广创造了客观条件。2017年，京东与当地政府签订战略合作协议，建立仓储物流中心，原本十天半个月的物流耗时缩短到一到两天。打造仓配一体化供应链，不能仅仅停留在物流，与产业全链条的深度协同才是方向，2018年京东介入养殖、营销等其他多个环节，在东若村建设智慧农场，集中打造核心品牌，创造3000余个就业岗位，直接带动当地农牧民增收超200万元。截至2021年，京东已承接了西藏47个县的农村电商改造项目，落地一座大型智能仓库，极大地解决了当地居民的发货问题。

贵州省的剑河县也是国家级贫困县，当地土鸡在大山中放养，以吃山上的青草、蘑菇、野虫为生，肉质紧实，营养价值高。奈何没有销售渠道，土鸡出栏后依然无法走出贵州群山。京东了解这一消息后，主动抛出橄榄枝，迅速与当地取得联系，仅48小时就完成了对当地土鸡的收购、宰杀、包装、上架。同样的故事发生在全国各地：江苏丰县的苹果、广西梧州的蜂蜜、贵州修文的猕猴桃……一系列的特色农产品，为当地带去了大量的财富与发展机遇，帮助农村地区实现跨越式发展。

"品质越高—消费者越满意—农户收益越高—改善生产—提供更多高品质农产品"的农产品产销正向循环，将持续支持农村农业产业兴旺，助力乡村振兴和消费升级。

产业的发展离不开年轻人的力量。在城市化进程中，大量人口流向城市，乡村出现明显的人才供需矛盾。京东为了鼓励更多的年轻人能重回故乡，推动当地经济发展，2014年在内部开起"先锋站计划"。通过层层考验，筛选出本领过硬的500人，前往偏远地区的先锋站，组建配送队伍，促进当地就业。除了内部下派，京东还积极培养"新农人"，利用可持续的手段，帮助年轻人参与到农业生产之中。

俯身为路，京东用行动诠释了什么是社会责任，用自身绵薄之力，反哺乡村，支持农村农业产业升级，打造乡村振兴新图景。

第 五 章　京 东 创 新 法 则 5：对 创 新 的 结 果 负 责

后　记

近两年来，不断有观察家、学者和创业者宣称互联网已经告别了野蛮增长的时代。在这个论断里有两个关键词："野蛮"和"增长"。过去20年，中国互联网的增长是野蛮的吗？

野蛮首先是对发展速度的描述。2000年，除了研究机构和专业领域，中国的互联网用户数几乎为零。但到了2021年，根据南华早报发布的"2021年中国互联网报告"显示，中国网络总用户数已经达到9.89亿人，占总人口的68%。在零售、餐饮、交通、影视娱乐、广告、制造等几乎所有行业都在不同程度上受到互联网行业的影响。如果从产业规模的角度讲，互联网产业完成从0到1、从1到 N 的进化，在短短的20年里扩大无数倍。几乎全中国的公民都已经不能脱离互联网而生活。

野蛮也暗指互联网巨头无序扩张。当今能叫得出名字的互联网企业都是在残酷的市场竞争中活下来的。在发展早期它们是打破传统行业垄断、解决行业痛点的新生势力，为了保护这一弱小的幼苗，国家对其的监管政策相对较松。但发展至今，互联网企业已经成为中国经济中举足轻重的力量。伴随而来的便是巨头公司对这份力量的滥用。互联网巨头通过技术优势，对消费者进行大数据杀熟；通过资本优势收购并购竞争对手，维持自己的垄断地位；通过利用市场中的绝对力量，强迫中小商家"二选一"。互联网企业特别是其中的头部企业带来的负面影响不断显现，让人不得不以"野蛮"二字来描述行业生态。

"告别野蛮增长的时代"这一宣告，既是指行业增长速度放缓，更是指滥用市场垄断地位、资本无序扩张的终止。互联网行业正在经历一场深入而又透彻的转型与变革。

这场变革最明显的标志发生在2020年下半年。我国市场监管部门开始对互联网行业加强监管，展开针对互联网平台公司的反垄断调查。蚂蚁金服上市被暂停，阿里巴巴被罚款182亿。随后腾讯、滴滴、美团等企业都因自身业务问题被监管部门调查或处罚。

受监管政策的影响，中国互联网公司的市值也大幅度缩水。阿里巴巴2020年股价为319美元，2022年初跌至131美元。腾讯在2020年最高峰时期股价为773港元，到2022年初股价跌至465港元。美团2020年股价为460港元，2022年初跌至216港元。拼多多2020年股价为212美元，2022年初股价跌至60美元。相对而言，京东是跌幅较小的企业，2020年股价为108美元，2022年初股价为73美元。

表面上看，企业价值缩水甚至腰斩，是监管收紧、反垄断所导致。但在我们看来背后更本质的原因却并非如此。因为监管收紧并非中国企业面临的问题，全球范围内围绕数据安全的反垄断调查同频共振，美国、欧盟都对Facebook、亚马逊、谷歌等企业展开了严厉的监管与调查。如2017年欧盟对谷歌处以24.2亿欧元（约合174.7亿元人民币）罚款；2021年4月，欧盟反垄断委员会正式向法院递交指控书，对苹果发起反垄断诉讼；2020年4月，美国联邦法院正式批准美国联邦贸易委员会（FTC）和Facebook之间的用户个人隐私问题和解协议，Facebook认罚50亿美元……此类监管与起诉远比国内市场监管部门的处罚措施更为严厉。但这些企业市值没有出现国内企业如此大的波动。反而随着新冠肺炎疫情的影响，股价更创新高。

所以，真正决定企业价值的还在于是否能够持续创造价值，取决于企业能否持续创新。熊彼得认为创新是存在周期的，每隔50～60年便会出现一轮大的创新浪潮。发源于20世纪90年代的互联网创新所带来的改变已经接近尾声。经济发展需要新的创新。但是不少企业并没有将资本、人力投入创新之中，反而通过资本收购、滥用垄断地位，通过减少竞争的方式来巩固自身护城河，这恰恰是降低创新的行为。缺少创新的企业必然面临衰亡，缺少创新的行业必然发展停滞，缺少创新的全球经济正在面临凋敝。

不论是互联网企业还是其他企业，唯有创新才能带来持续不断的生命力。一家企业也只有不断创新才能对社会尽到最大的责任。

但是创新总是艰难的。在研究京东的过程中我们就发现，创新往往面临着巨大的风险。这些风险有可能会带来管理上的冲突，有可能会颠覆原有的业务逻辑，还有可能会因为长期投入而造成巨额亏损。不论是哪一种风险都可能拖垮整个企业。或许正是因为这个原因，企业的创新才是那么值得深思的问题。美国管理学家克莱顿·克里斯坦森的《创新者的窘境》一书，揭示了企业创新的困境与突围。在这本书中，克莱顿·克里斯坦森评论道：

成熟企业在应对各种类型的延续性创新时，可以做到锐意进取、积极创新、认真听取客户意见，但它们看似无法成功解决的问题，是在轨线图上的下行视野和向下游市场流动的问题。为新产品找到新的应用领域和新的市场，似乎是这些企业在刚刚进入市场时所普遍具备，但在时过境迁后又明显丧失了的一种能力。这些领先企业似乎被它们的客户牵绊住了手脚，从而在破坏性技术出现时，给了具有攻击性的新兴企业颠覆它们领先地位的可乘之机。

简而言之，成熟企业最擅长的创新是"延续性创新"——在过去的模式之上修修补补。而以往成功的经验反而阻碍了他们做出更多"破坏性的创新"。这就导致了成熟企业的衰落。

这样的例子在商业史上不胜枚举。诺基亚手机在取得市场成功之后，不断降低成本提高质量，做出延续性创新。在很长一段时间里，巩固了自己在移动终端的绝对地位。但是物极必反，当苹果手机问世之后，诺基亚迅速跌落，在破坏性创新面前，诺基亚之前积累的成功经验顷刻间化为乌有。诺基亚其实是存在翻盘的机会的，在苹果手机诞生后，诺基亚如果能快速跟进，也可以抓住智能手机的历史机遇。但是过去的成功太沉重，已经成为创新的包袱。"消费者怎么会需要一款没有按键的手机？"这是传统手机商傲慢的想法。

后 记

这种想法阻碍了他们的创新。

　　只有了解了创新的重要性与艰难性，才能深刻明白企业创新这一课题的研究价值。京东创新法则是值得书写的案例。当行业内都是以先付款后发货模式经营时，京东率先尝试货到付款，解决了消费者的信任难题。当各大电商平台都是外包物流时，京东顶着亏损12年的压力自建物流，满足了消费者对速度和体验提升的需求。当物流行业通过加快物流速度提升物流效率的时候，京东变换思路以减少物流周转来提升效率，大大节省了成本。京东的创新都是在挑难的事做，都是在挑有价值的事做，都是在用新的方法做有价值的事。就像刘强东所言，都是围绕"效率与体验"的创新。

　　以小见大，以京东见中国互联网企业。中国的互联网企业能不能超越美国的企业，成为全球的标杆？我认为是极有可能的。中国拥有如此大的市场/如此开放多元的消费者，有足够的空间为企业提供创新与实践的机会。如果中国企业不能够成为最强大甚至伟大的企业，那还有哪个国家的企业有这样的资格呢？

　　但是，昨天强大的企业能在今天继续强大吗？今天伟大的企业能够在未来继续伟大吗？没有人能够打包票。企业具有生命周期，而这背后是创新的周期。只有创新能够延续企业的生命，只有创新能够让曾经强大的组织在未来更为强大。中国企业矗立于世界商业之林，唯有创新才能实现！

京 东 创 新 法